8시간

**성과를 증명하고
격차를 만드는 프로의 시간**

성과를 증명하고 격차를 만드는 프로의 시간

8시간

1판 1쇄 인쇄 2018년 11월 10일
1판 1쇄 발행 2018년 11월 15일

지은이 임병권
펴낸이 송준화
펴낸곳 아틀라스북스
등 록 2014년 8월 26일 제399-2017-000017호

편집기획총괄 송준화
마케팅총괄 박진규
디자인 김민정

주소 (12084) 경기도 남양주시 청학로 78 812호(스파빌)
전화 070-8825-6068
팩스 0303-3441-6068
이메일 atlasbooks@naver.com

ISBN 979-11-88194-07-0 (13320)
값 15,000원

이 도서의 국립중앙도서관 출판시도서목록(CIP)은 서지정보유통지원시스템 홈페이지
(http://seoji.nl.go.kr)와 국가자료공동목록시스템(http://www.nl.go.kr/kolisnet)에서
이용하실 수 있습니다.(CIP제어번호 : CIP2018034812)

성과를 증명하고
격차를 만드는 프로의 시간

8 Eight Hours

시간

임병권 지음

아트라스
북스

모든 직장인들이 항상 스스로에게 이런 질문을 던진다. 이 질문이 항상 머릿속을 떠나지 않는다. 나도 그랬다.

'어떻게 일할 것인가?'
'남을 것인가? 떠날 것인가?'

'어떻게 일할 것인가?'는 일에서 성과를 내고 인정받는 방법에 관한 질문이다. 나름 열심히 일하고 있는 것 같은데 정말 일을 잘하고 있는 것인지 알 수가 없다. 회사와 상사에게서 인정받고 싶은데, 어떻게 일을 해야 할지 잘 모를 때가 많다. 같이 입사한 동기는 어느 순간 경쟁자가 되었다. 그들과의 승진경쟁에서 탈락할까 봐 걱정이기도 하다.

'떠날 것인가? 남을 것인가?'는 경력관리에 대한 고민이 담긴 질문이다. 아무리 현재의 조직에서 인정받고 있더라도 나에 대한 조직의 평가가 언제든 변할 수 있다는 사실을 잘 알고 있다. 무엇보다 장기적인 인생설계라는 관점에서 한 회사에서 지금 하고 있는 일을 계속하는 것이 최선의 방법인지 계속 의문이 든다.

이 책은 이 2가지 질문에 대해 구체적인 해법을 제시하고 있다. 이런 질문에 대한 만고불변의 정답은 애초에 없다. 하지만 나는 이 책에서 나의 경험과 통찰을 동원해 구체적인 방법론을 풀어내고자 했다. 이 책은 지친 직장인을 따뜻한 감성으로 위로하는 책은 아니다. 비현실적인 복잡한 이론을 나열하지도 않는다. '태도가 중요하다'거나 '열정적이어야 한다' 등의 뻔한 조언을 하지도 않는다. 대신, '구체적인 일하는 방식'과 '경력관리 방법'을 설명한다. '어떻게 해야 일을 잘하고, 조직에서 인정을 받고, 경력관리를 잘할 수 있을까'라는 직장인들의 가장 현실적인 고민에 대해 다루고 있다.

구체적인 해법의 키워드 중심에는 '8시간'이 있다. 8시간은 하루의 근무시간이다. 내가 8시간을 핵심 키워드로 잡은 데는 몇 가지 의미가 있다.

첫째, 8시간을 기준으로 일과 삶의 경계가 나뉜다. 8시간은 최대한 일에 몰입하는 시간이다. 일할 때 일하고 놀 때 노는 사람이 프로다. 이런 프로의 정신으로 일하는 사람은 항상 에너지와 열정이 넘치고 일을 누구보다 효율적으로 한다. 일과 삶의 경계를 철저히 분리하고, 공과 사를 분명히 구분할 줄 안다.

둘째, 8시간은 일을 통해서 전문성을 쌓을 수 있는 학습의 시간이기도 하다. 기업에서의 학습은 일을 통해서 이루어진다. 누구에게나 근무시간은 비슷하다. 그런데 어떤 사람은 일을 통해 경험을 축적하고 탁월한 성과를 낸다. 시장에서 인정할 만한 전문성을 확보하고, 체계적인 경력관리를 한다. 반면에 어떤 사람은 시간만 보내고 성과가 낮다. 일을 통해서 배우는 것이 없다. 여전히 과거의 관행만 고집하고 전문성이라고는 찾아볼 수가 없다. 8시간을 어떻게 활용하느냐에 따라 이처럼 큰 차이가 발생한다.

나는 25년간 직장생활을 하면서 비교적 다양한 산업과 기업에서 일을 해왔다. 나는 인사업무를 하면서 많은 리더와 많은 사람을 만났다. 신입사원과 퇴사자를 면담하면서 그들의 생각을 듣고 많은 대화를 나누기도 했다. 승진자와 탈락자를 만나면서 그들의 고민을 이해하게 되었고, 회사가 어떤 기준으로 사람을 평가하는지를 알게 되었다. 나는 상당히 다양한 유형의 상사들과 함께 일했다. 외국인 상사도 만났고, 여성이 상사인 경우도 있었다. 고집불통인 상사도 만났고 합리적인 상사와도 함께 일해 보았다. 많은 부하직원들도 만났다. 만나면 즐겁고 지금도 만나고 있는 후배직원이 있는 반면, 정말 일도 못하면서 태도도 불량한 부하직원 때문에 속앓이를 한 적도 많다.
내가 이 책을 쓰기로 용기를 낼 수 있었던 것은 미흡하지만 다양한 경험을 했다고 생각했기 때문이다. 특히 성공한 글로벌 기업에서 일하면서 그들의 문화, 정책, 시스템, 일하는 방식에 대해 이해하게 되었다는 점도 이 책을 쓰는 데 도움이 되었다. 내가 단일한 조직이나 단일한 회사에서만 일했다면 아마도 이 책을 쓰지 못했을 것이다. 제한된 경험을 일반화해서 메시지를 전달하기에는 한계가 있다고 믿기 때문이다.

현재의 시장과 기업환경은 급변하고 있다. 한 번도 경험하지 못한 비즈니스 모델이 전통적인 산업을 위협하고 있다. 혁신과 창의성으로 무장한 신생 기업들이 세계 곳곳에서 등장하고 있다. 경제는 글로벌화되어 있고 세계는 이미 초연결사회가 되어가고 있다. 이런 급격한 변화의 시대에 과거의 성공방식만을 고집하고 변화에 둔감한 기업들은 더 이상 살아남기 어렵게 되었다.

급속한 시장과 기업환경의 변화는 그 조직에 속해 있는 구성원들의 일하는 방식도 바꿔놓고 있다. 전통, 관행, 형식에만 기대어 과거의 일하는 방식과 생각하는 방식을 유지하려고 해서는 도태되기 십상이다. 변화에 둔감한 기업이 시장에서 퇴출되듯이, 새로운 일하는 방식에 빨리 적응하지 못하는 사람은 조직에서 생존하기 어려운 시대가 온 것이다.

현재와 다가올 미래는 새로운 일하는 방식을 요구한다. 가장 중요한 것은 '핵심적으로 일하기'다. 핵심적으로 일한다는 것은 주어진 시간 내에 중요하고 시급한 일을 모두 처리해낸다는 의미다. 과거에는 성과의 양을 중시했으며 그것은 투입시간에 비례해서 증가했다. 하지만 지금은 성과의 양보다는 질을 중시하며 그것은 투입시간이 아니라 '전문성'에 따라 차이가 난다. 따라서 이제는 전문성을 가지고 핵심적인 가치를 만들어내야 인재로 평가받을 수 있다. '이것저것 다 해보기' 식으로 경험을 쌓는 것이 좋은 경력이 되는 시대는 지났다.

전문성 있다는 것은 단순히 지식과 기술을 가지고 있다는 의미는 아니다. 전문성이 있는 사람은 고도의 '몰입'과 '실행력'을 발휘한다. 일에 시간을 많이 쓰지 않으며 자신에게 주어진 8시간을 가장 효율적으로 활용하려고 한다. 일과 삶을 철저히 분리하면서 열정과 에너지를 충전해나간다. 한마디로 '놀 때 놀고 일할 때 일할 줄 아는 프로'가 되어야 한다.

전문성의 축적이 중요한 이유는 시장이 전문성을 요구하기 때문이기도 하다. 직장인은 평생 몇 번의 이직을 경험하게 된다. 성공적인 경력관리는 삶의 질을 결정하는 중요한 요소다. 경력관리는 철저히 시장의 관점에서 이루어져야 한다.

핵심적으로 일해야 하는 이유는 시장에서 인정해줄 만한 실질적인 성과를 축적해놓아야 하기 때문이기도 하다. 전문성 없이 단순히 성실한 태도로 장시간 일했다는 사실을 시장이 높게 평가하지는 않는다.

이 책을 읽는 독자는 직장인이 많을 것이다. 직장인은 누구나 조직에서 인정받고 성장하기를 원한다. 하지만 누구나 조직에서 인정받고 시장에서 전문가로 인정받지는 못한다. 급변하는 시장과 기업환경에 민첩하게 적응하지 않으면 생존하기도 성장하기도 어려운 시대가 되었다. 변해야 한다.

오늘도 일터에서 열정적으로 일한 당신을 응원한다. 내가 이 책에서 제시하는 구체적인 방법론이 당신의 생존과 성장에 조금이나마 도움이 되기를 바란다.

임병권

Chapter 2 성실성에 기대지 말고 전문성으로 승부하라

Chapter 3 다양성과 변화의 바다로 뛰어들어라

Chapter 4 고민을 줄이고 실행에 초점을 맞춰라

Chapter 5 학습과 훈련을 멈추는 순간 성장도 멈춘다

Chapter 1

8

일과 삶의 질을 결정하는
당신의 '8시간'

01
에너지가 쉽게 방전되면
리더가 될 수 없다

"주말에는 뭐 하고 지내세요?"

내가 인사책임자로서 면접을 할 때 자주 던졌던 질문이다. 뻔해 보이지만 이 질문은 신입사원뿐만 아니라 리더를 채용할 때도 빠뜨리지 않았다. 나도 회사를 옮길 때마다 똑같은 질문을 받곤 했다. 이 질문을 하는 이유는 무엇일까? 개인적으로 여가를 보내는 방법을 왜 알고 싶어 할까? 일이나 성과에 직접적인 연관도 없어 보이는데 말이다. 그 이유는 후보자가 에너지 있는 사람인지, 스트레스를 관리하는 능력이 있는지를 확인하기 위해서다.

"피곤해서 잠자거나 TV를 주로 봅니다."

이런 답변을 하는 후보자에게는 별로 관심이 안 간다. 활기 차지 않고 열정적으로 보이지 않기 때문이다. 반면 이런 답변을 하는 후보자는 항상 면접관의 관심을 끈다.

"토요일마다 2시간 이상 자전거를 탑니다. 전국 종주가 저의 목표입니다."

"최근에 드론 동호회에 가입해서 드론 기술을 익히고 있습니다."

이렇게 주말에 취미활동이나 운동을 하는 사람은 몸과 마음이 건강할 가능성이 높다. 일과 삶의 경계가 명확하여 늘 그 사이에서 균형감각을 잃지 않기 때문에 일로 인한 스트레스가 쌓일 일이 없다. 우리는 '열정을 가져라'라는 말을 많이 듣는다. 그런데 열정과 에너지는 몸과 마음이 모두 건강한 상태가 아니면 생기지 않는다. 건강한 취미활동과 운동을 열심히 하는 직원은 몸과 마음이 건강하고 생활이 활기차다. 그래서 일을 할 때도 열정적이다.

∴ 회사가 스트레스에 강한 사람을 선호하는 이유는?

몇 년 전 일이다. 차를 운전하면서 집으로 오는 길에 부하직원에게서 전화가 왔다. 임원 한 명이 퇴근 후에 헬스클럽에서 운동을 하다가 갑자기 의식을 잃고 쓰러졌다는 소식이다. 내가 놀라서 급히 대학병원 응급실로 뛰어갔을 때도 그 임원은 여전히 의식을 잃은 채 누워있었다. 응급조치에도 의식이 돌아오지 않자 의사들은 그를 수술실로 옮겼다. 의사는 과로와 스트레스가 병의 원인일 수 있다고 했다.

회사에서 인사업무를 하다보면 이 사례처럼 직원에게 갑자기 심각한 건강문제가 발생하는 경우를 보게 된다. 채권관리팀의 상담직원이 전화로 장기 연체 고객과 실랑이를 벌이다가 쇼크를 받고 쓰러지는 모습을 목격하기도 했다. 다행히 금방 회복되었지만 그 직원은 상담업무를 계속할 수 없게 되어서 결국 다른 부서로 이동하게 되었다.

나는 간혹 직원들의 건강관리를 위해 의사와 상담하기도 했다. 그럴 때 의사들은 한결같이 최근에는 나이를 불문하고 직장인들의 성인병이 늘고 있다면서, 그 원인이 대부분 과도한 스트레스 때문이라고 했다. 일하면서 스트레스를 피할 방법은 없다. 그 강도를 조절할 수 있을 뿐이다. 적당한 스트레스는 일의 효율을 높이기도 하지만 과도한 스트레스는 건강을 심각하게 해친다.

그런데 회사에서 스트레스 관리능력을 중시하는 이유는 개인의 건강관리 문제에 국한되지 않는다. 일을 맡기는 데 있어서도 매우 중요한 요인으로 고려한다. 회사에서 중요하고 어려운 일일수록 스트레스가 심하기 마련이다. 그런 일들을 작은 갈등이나 어려움에도 심하게 스트레스를 받는 직원에게 맡기기는 어렵다. 중도에 일을 그르칠 수도 있고 지속적인 성과를 기대하기도 어렵기 때문이다.

스트레스에 지나치게 민감한 직원은 조직 분위기에도 부정적인 영향을 미칠 수 있다. 다른 사람의 말과 행동에 예민하게 반응하고 감정적으로 대응하는 직원과 일하고 싶어 하는 직원은 별로 없다. 그래서 대부분의 리더가 스트레스 관리능력이 좋은 직원들로 팀을 꾸리고 싶어 한다.

∴ 일과 나를 분리할 시간이 필요하다

나는 캠핑을 10년 정도 다니고 있다. 어느 해 여름휴가 때 아내가 처음 캠핑을 제안했을 때는 "몇 번이나 가겠다고 그 비싼 텐트를 사? 한 번 빌려서 가면 되지"라고 타박하기도 했지만, 지금은 오히려 나의 유일한 취미가 되었다.

내가 캠핑을 계속하는 이유는 자연과 맑은 공기가 좋아서이기도 하지만, 무엇보다 회사 일을 잊을 수 있어서다. 서울을 벗어나면 서울에서 생긴 일을 잊게 된다. 텐트를 치고 장작을 패고 불을 지피다보면 자질구레한 생각이 사라진다. 밤새 내릴지도 모를 비에 텐트가 새거나, 바람에 텐트가 날아갈 판에 복잡한 회사 일 따위가 끼어들 틈이 없다. 이렇게 1박 2일 또는 2박 3일 캠핑을 다녀오면 그 다음 일주일은 무난하게 버틸 수 있다. 스트레스가 쌓일 만하면 또 떠나면 그만이다.

그 전에는 술 마시는 것이 유일한 스트레스 해소법이었다. 장소는 회사 근처나 서울을 벗어나지 않았다. 만나는 사람도 대부분 직장 동료나 다른 회사에 다니는 학교 친구였고, 대화소재도 온통 회사 이야기뿐이었다. "너희 회사는 연봉이 얼마냐?", "상사 때문에 스트레스 받아서 죽겠어", "요즘은 재미가 하나도 없어. 미래도 불투명하고." 술자리에서 이런 이야기들을 하다보면 퇴근을 했는데도 계속 회사에 있는 듯한 생각이 들곤 했다. 그 다음날 일어나면 몸은 피곤하고 스트레스는 더 심해진다.

이런 악순환에서 벗어나려면 일과 관련이 없는 건강한 취미를 만들어야 한다. 적어도 주말만큼은 일과 자신을 완전히 분리해야 한다. 일과 나를 동일시하는 시간은 평일 8시간만으로도 충분하다. 주말 동안 완전히 나를 비워낸 상태에서 월요일에 출근해야만 열정적으로 일에 몰입할 수 있는 힘이 생긴다.

∴ 에너지와 활기가 없으면 리더가 될 수 없다

예전 회사에서 나와 같은 인사팀에 있던 J 과장은 아침마다 헬스를 했다. 그는 매일 아침 자전거를 타고 회사 근처 헬스장에 가서 1시간 정도 운동을 하고 나서 샤워를 하고 사무실로 출근했다. 나는 처음에는 '젊은 친구가 뭘 그리 운동을 열심히 하나? 그것도 재미없는 헬스를…'이라고 생각했다.

J 과장은 규칙적인 헬스가 생활화된 사람이다. 여기서 '규칙적'이 중요하다. 규칙적이라는 것은 그가 아침에 헬스장에 가는 시간을 확보할 수 있도록 '다른 사생활들을 통제한다'는 사실을 의미한다. 예를 들면 아침에 일찍 일어나야 하기 때문에 회식자리에서 늦게까지 머물지 않는다. 음식도 가려서 먹고 과식하지 않는다. 그렇지 않으면 몇 달 공들인 몸매가 원상복구되기 때문이다.

J 과장은 체구가 작지만 항상 건강하고 활기차 보였다. 그를 보고 있자면 나까지 에너지가 생기는 느낌이 들 정도였다. 회사는 에너지 있고 활기찬 직원에게 일을 많이 시킨다. 그런 직원이 판단력과 의사결정능력이 높다고 생각하기 때문이다. 그만큼 그런 직원이 중요한 일을 맡을 확률이 커지고, 당연히 승진 가능성도 높아진다.

반면에 활기와 에너지가 느껴지지 않는 직원에게는 일을 많이 시킬 수가 없다. 그런 직원에게서 지속적인 성과를 기대할 수는 없기 때문이다. 목소리에 힘이 없고 어깨에 힘이 빠져 있는 직원과 중요한 문제를 상의하고 싶어 하는 상사는 없을 것이다. 그만큼 조직에서 중요한 일을 맡을 기회는 떨어질 수밖에 없다.

그래서 항상 에너지가 넘치고 활력이 있는 사람이 리더가 될 가능성이 높다. 리더의 에너지와 열정이 조직에 그대로 전달되기 때문이다. 당신 주변의 성공한 리더들을 한 번 둘러보라. 아마 대부분 규칙적인 운동이나 취미활동 등을 한 가지씩은 하고 있을 것이다. 이런 활동들은 일에 몰입할 수 있는 힘과 열정적으로 일할 수 있는 힘을 주고, 결과적으로 높은 성과를 올리게 해준다. 앞서 사례를 든 J 과장은 그회사의 최연소 차장을 거쳐 인사팀장이 되었다.

02
가족 같은
회사와 동료는 없다

'가족처럼 일할 사람을 모집합니다.'

과거에는 이런 채용 공고문이 많았다. 회사는 '제2의 가정'이고, 동료는 '가족'이라는 인식이 컸기 때문이다. 가족끼리는 웬만한 잘못은 용서가 된다. 가족끼리는 단합해야 하고 차별해서는 안 된다. 형제간에 경쟁해서는 안 되고, 부족한 부분은 덮어주고 격려해줘야 한다. 이런 개념에 따라 당시 많은 회사들이 직원들에게 충성과 희생을 기대했고, 그 대가로서 직원들에게 안정된 고용을 제공했다. 회사와 직원은 한 배를 탄 운명공동체였다.

이처럼 강한 공동체적인 믿음은 몇 차례의 경제위기를 겪으면서 많이 사라졌다. 기업환경과 시장환경이 변하면서 기업, 일, 직업, 직원에 대한 가치관도 달라졌다. 기업과 직원의 관계를 본연의 관계로 인식하기 시작한 것이다.

회사를 사랑하고 주인의식을 갖는 것은 매우 중요하고 좋은 일이다. 직장 동료와 친하게 지내고 동료애를 발휘하는 것 역시 개인과 조직을 위해서 바람직한 현상이다. 하지만 그렇더라도 회사가 '제2의 가정'이 되거나, 직장 동료가 '가족'이 될 수는 없다.

어떤 경우든 인간관계가 맹목적이어서는 안 된다. 회사와 개인 간의 관계도 마찬가지다. 회사가 맹목적으로 직원에게 희생을 강요하거나, 직원이 회사에 맹목적으로 보상만 요구할 수는 없는 일이다. 건강한 회사와 개인 간의 관계는 서로의 정해진 역할과 책임을 다 하는 데서 출발한다.

∴ 회사와 직원은 기본적으로 '근로계약' 관계다

회사에 들어가면 근로계약서를 작성한다. 근로계약에는 계약당사자 간의 책임과 의무는 물론 그에 따른 보상도 규정되어 있다. 이 계약에 따라 직원은 회사가 기대하는 공헌을 해야 하고, 회사는 공헌의 정도를 잘 평가하여 적절한 보상을 해야 한다. 직원의 공헌과 회사의 보상은 모두 책임과 의무인 것이다.

외국계 회사는 국내 기업에 비해 근로계약서를 좀 더 자세하게 작성하는 경향이 있다. 회사와 직원은 기본적으로 법률적 계약관계라는 인식이 깔려 있기 때문이다. 외국계 기업에서는 채용이 결정되면 근로계약에 앞서 오퍼 레터(Offer Letter, 근로조건제안서)를 작성한다. 오퍼 레터에는 직무명, 주요 역할 및 책임, 상사, 연봉, 인센티브, 복리후생, 휴가, 근무시간, 영업비밀, 이해상충, 윤리규정 등이 포함되어 있으며, 각 항목은 서술식으로 자세히 기술되어 있다. 작성된 레터는 지원자에게 보내고, 지원자는 내용을 살피고 문구를 조정할 수 있다. 합의가 되면 비로소 같은 내용의 근로계약서를 2부 작성해서 지원자와 CEO가 각각 서명하고 1부씩 보관한다. 계약서의 내용은 상호 간에 비밀을 유지해야 한다. 인사정보이기도 하고 개별적 계약관계라는 인식 때문이다. 이를 지키지 않으면 해고사유가 되기도 한다.

나는 이것이 지나치게 냉정한 계약관행이라고 생각하지 않는다. 오히려 깔끔하고 명쾌한 관계 설정이 직원들의 혼란을 막고 각자의 전문적인 역할에 집중하게 만든다고 본다. 또한 상사와의 관계에서도 감정적이지 않고 합리적인 관계를 설정하게 만든다고 생각한다.

∴ 당신의 일은 어떤 가치를 제공하고 있는가?

'당신은 당신의 일이 무엇이라고 생각합니까?'

직원들에게 이런 질문을 하면 여러 가지 답변이 나온다.

"마케팅입니다", "인사부에서 일해요" 정도는 그나마 괜찮은 답변이다. 최악의 답변은 따로 있다.

"상사가 시키는 일이 제 일입니다."

자신의 일에 대한 정의도 없고, 일의 본질도 이해하지 못하는 사람의 답변이다. '상사가 시키는 일'은 '일'이 아니고 '심부름'이다. 우리가 상사의 심부름이나 하자고 취직한 것은 아니지 않은가? 상사가 시키는 일이 나의 일이라고 생각하는 사람은 아직도 회사를 '제2의 가정' 내지는 '가족관계'로 생각하는 것이다. 시키는 일만 열심히 하면 되는 줄 안다. 이런 사람은 직장 동료나 상사와의 인간관계를 중시한다. '가족이니까' 나이를 따지고, '가족이니까' 서열을 중시한다. '희생'이나 '충성'을 다하면 회사가 보상해주리라 믿는다. 전문성이나 성과에 대한 엄격한 평가는 단합을 해친다고 생각한다.

당신의 '일에 대한 정의'를 명확히 해야 한다. 책임과 의무를 명확히 알고 있어야 한다. 상사나 회사가 당신의 일에 대한 자세한 사항을 제공하지 않았을 수도 있다. 이런 경우에는 당당하게 당신의 일에 대한 구체적인 역할과 책임을 요구해야 한다.

일에 대한 역할과 책임을 상세히 알고 난 다음에는 '일의 궁극적인 존재가치', 즉 당신의 일이 회사에 어떠한 가치를 제공하고 있는지를 따져보아야 한다. 만일 그런 구체적인 가치가 없다면 당신의 일은 존재이유가 없다. 예를 들어 당신이 인사부서에서 채용업무를 담당하고 있다고 가정해보자. 채용업무가 회사에 존재하는 이유는 무엇일까? 채용업무가 회사에 제공하는 가치는 무엇일까? 채용업무는 단순히 지원서를 접수하고 검토하고 면접을 진행하는 업무가 아니다. 그것은 회사에 가치를 제공하기 위한 행정적인 일처리의 일부에 불과하다. 채용업무가 회사에 제공하는 가치는 '지금 또는 미래에 회사의 발전에 공헌을 할 만한 사람을 찾아내서 입사시키는 것'이다. 당신이 아무리 행정처리를 잘하고 면접준비를 잘한다 하더라도 '우수한 인재 입사시키기'라는 궁극적인 가치를 회사에 제공하지 못하고 있다면 제대로 채용업무를 하고 있는 것이 아니다.

∴ 직장 내 인간관계는 멀지도 가깝지도 않게

나는 최근에는 직원들과 회식이나 술자리를 많이 갖지 않는 편이었다. 학교 친구들은 내가 인사책임자라고 하면 술에 빠져 사는 줄 안다. 특히 노조와의 회식자리가 많을 것이라고 생각한다. 하지만 거의 안 했다. 노사협상 때마다 맨정신으로 대화했지만 큰 문제없이 잘 마무리했다. 문화와 전통은 쌓기 나름이다. 술 먹고 회식을 해야 문제가 해결된다는 생각은 핑계일 뿐이다.

나도 처음부터 회식을 적게 하지는 않았다. 술이 약한 편도 아니다. 사회생활을 시작하고 나서 몇 년 동안은 일주일에 2~3번은 회식을 했던 것 같다. 사회 분위기가 그렇고 회사 분위기가 그랬다. 회식비도 두둑했던 것으로 기억한다. 회식을 많이 하는 부서가 좋은 부서이고, 단합이 잘되는 부서라는 인식이 강했다. 회식을 자주 하지 않는 리더는 리더십을 의심받기도 했다. 하지만 지금은 잦은 회식이 일과 삶의 균형을 방해하는 주범으로 인식되고 있다.

회식은 성과와 전문성을 중시하는 문화를 해칠 위험이 있기도 하다. 때로는 회식자리가 애매한 인간관계를 만드는 장소로 변질되기 때문이다. 회식자리에서 팀장님은 학교 선배님이 되고, 옆 부서 김 차장님은 같은 고향의 형님이 되기도 한다. 이런 분위기가 과하면 술자리에서 만들어진 사적인 관계가 공적인 일에도 영향을 끼칠 수 있다.

직장 내 사람들과 친하게 지내는 것이 나쁘다는 의미가 아니다. 개인적이고 감정적인 요소가 공적인 일에 개입되지 않도록 늘 경계해야 한다는 것이다. 직장 내에서의 일의 성사 여부와 문제의 해결은 '공식적'이어야 한다. 나의 의사결정과 판단은 회사가 부여한 역할과 책임 범위에 따라 공식적으로 이루어져야 한다.

직장에서의 인간관계는 매우 중요하다. 다만 서로 전문성을 공유하고 팀워크로 일하면서 다져진 건강한 인간관계일 때 그렇다. 사적인 관계에 연연하는 행동은 프로답지 못하다. 프로는 공식적인 관계를 더 중요하게 생각한다.

03
프로는 일할 때 일하고
쉴 때 쉰다

    어릴 적 동네에 작은 개천이 있었다. 그 개천에 놓여있던 외나무다리는 동네 아이들의 좋은 놀이터였다. 특히 비가 와서 물이 불어나면 동네 아이들은 순서를 다퉈 외나무다리를 건너면서 스릴을 즐겼다. 외나무다리를 건널 때는 너나없이 양손을 최대한 벌려 몸의 중심을 잡았고, 균형을 잃은 아이는 영락없이 개천에 빠졌다.

    '균형'은 '안정적인 상태'를 말한다. 안정적인 상태가 깨지면 외나무다리를 건너는 아이들처럼 오래 버티지 못하고 넘어지게 된다. 일과 삶의 균형도 마찬가지다. 일과 삶 사이에서의 균형을 안정적으로 유지하지 못하면 넘어지거나 떨어지고 만다. 흔히 말하는 워라밸(Work and Life Balance의 준말)을 추구하는 것이 '일보다 개인적인 삶이 더 중요하니까 더 즐기자'의 의미는 아니다. 이제껏 일에 치우쳐 깨져있던 균형을 지금이라도 맞추자는 뜻이다. 이 균형이 맞춰져야 일도 생활도 더 잘할 수 있기 때문이다. 결국 이 균형이 깨지면 회사에게도 개인에게도 손해일 수밖에 없다.

일과 삶의 균형이 깨지는 직접적인 요인은 '회사에 너무 오래 있기' 때문이다. 즉, '장시간 근무'가 가장 직접적인 요인이다. 따라서 깨진 균형을 맞추려면 먼저 '제시간에 퇴근할 수 있는 방법'을 찾아야 한다.

∴ 퇴근 후 규칙적인 사생활을 만들어라

무슨 일이든 몰입해서 하려면 '데드라인'을 설정해야 한다. 단순히 '열심히 해야지', '일찍 퇴근해야지'라고 마음만 먹어서는 여러 변수를 통제할 수 없다. 데드라인이 없으면 일은 마냥 늘어지게 되어 있다. 사람의 심리가 그렇다. 예를 들어 데이트 약속이 있거나 중요한 문상을 가야 한다면 일찍 퇴근하기 위해 가급적 퇴근 전에 서둘러 일을 마무리하려고 할 것이다. 이런 경우에는 몸과 마음이 바빠지고 일에 최대한 몰입하게 되어 능률이 오른다.

하지만 데이트나 간헐적으로 생기는 행사만으로는 '제시간에 퇴근하기'를 일관되게 실천할 수가 없다. 이를 위해서는 퇴근 후에 '규칙적으로 가야 할 곳'을 '강제로' 만들어야 한다. 물론 술자리나 동창회 모임을 만들라는 이야기가 아니다. 가장 좋은 방법은 자기계발을 위해 '정기적으로' 가야 할 곳을 확보하는 것이다. 가도 되고 안 가도 그만인 일정은 효과가 없다. 참석하지 않으면 불이익이 생기는 일정을 만들어야 한다. 크게는 대학원에 가는 것일 수도 있고, 작게는 헬스클럽에 등록해서 규칙적으로 운동을 하거나, 규칙적으로 저녁에 조깅을 하거나, 정기적인 동호회 활동 같은 일정을 만들어야 한다. 그리고 그 일정을 상사와 동료에게 공표해야 한다. 이렇게 당신이 일찍 퇴근하는 명분을 상사와 직원들에게 공식적으로 인식시켜야만 불필요한 회의나 회식 등이 당신의 퇴근길 발목을 잡는 일을 줄여나갈 수 있기 때문이다.

별로 일이 많지 않은데도 습관적으로 퇴근을 늦게 하는 직원이 있다. 퇴근이 늦는 이유가 일하는 방식에 문제가 있어서일 수도 있지만, 퇴근 후에 마땅한 계획이 없어서인 경우도 있다. 후자에 속하는 직원은 대부분 낮에 몰입해서 일하지 않고 미뤄두었다가 저녁을 먹고 들어와서 다시 일을 잡는다. 만약 이런 직원이 대학원을 다니거나, 저녁마다 자전거를 타거나, 영어학원을 다니고 있다면 어땠을까? 아마도 낮에 어떻게든 집중해서 일을 마치고 제시간에 퇴근했을 것이다.

내 경우에는 대학원에 다니면서 퇴근이 빨라졌다. 정시 퇴근의 명분이 생기면서 상사가 오후 늦게 무엇인가를 지시하는 일이 없어졌다. 대학원에 가는 날은 월, 수, 금뿐이었지만, 나머지 요일에도 리포트 작성이나 시험공부를 위해 역시 제시간에 퇴근했다. 나는 정시에 퇴근하기 위해 당연히 근무 중에 한 눈을 팔지 않고 일에만 몰입해야 했다.

∴ 몸이 퇴근했으면 마음도 퇴근해야 한다

예전 회사에서 구조조정이 진행되었을 때의 일이다. 내가 부서장을 맡았던 인사본부도 일부 통폐합을 해야만 했고, 그러다보니 팀장 한 명을 통합팀의 팀원으로 좌천시켜야 했다. 나는 며칠간 고민 끝에 K 차장을 팀원으로 내리기로 결정했다. 당연히 K 차장의 실망과 반발이 예상되었다. 그는 오랫동안 자신의 역할을 성실하게 해온 팀장이었다. 그런데 어쩌겠는가? 다른 대안이 보이지 않았다. 나는 계획을 확정한 이후 K 차장을 회의실로 불러 상황을 설명하고 이해를 구했다. K 차장은 실망한 표정을 감추지 않았지만, 1시간이 넘도록 대화하고 나서는 감정이 상당히 진정되었다.

당시 나는 그 이야기를 K 차장과 퇴근 후 술자리에서 할 수도 있었다. 술이 한 잔 들어가면 어려운 이야기를 꺼내기가 편한 것이 사실이다. 하지만 나는 '직원과의 중요한 의사소통은 회사 내에서 끝내자'라는 철칙이 있었기 때문에 그와 사무실에서 이야기했던 것이다. 내가 이런 철칙을 세운 데는 2가지 이유가 있다.

첫째, 리더는 어려운 대화일수록 공식적인 자리에서 해야 한다고 생각했기 때문이다. 그래야 상대방도 대화를 신뢰하게 된다.

둘째, 사적인 시간을 공식적인 업무에 쓰고 싶지 않았기 때문이다. 업무는 가능한 한 사무실 내에서 끝내야 한다. 회사 밖으로 일을 가지고 가거나 대화를 연장하는 것은 바람직하지 않다고 보았다. 이런 일하는 방식은 근무시간에 더욱 집중해서 일하게 만든다. 한편으로는 상대방의 사적인 시간도 뺏으면 안 된다고 생각했다. 내가 리더라고 해서 직원의 시간을 함부로 사용할 수는 없다.

일을 회사 밖으로 가지고 가지 마라. 일에 대한 고민도 회사 내에서 끝내는 것이 좋다. 쉽지 않지만 의식적으로 노력해야 한다. 그렇게 할 수 있는 방법을 나름대로 찾아내야 한다. 가장 손쉽게 실천하는 방법은 퇴근 후에는 만나는 사람도 바꾸고 대화의 주제도 바꾸는 것이다. 몸은 퇴근했는데 항상 일과 관련된 사람을 만나서 회사 이야기만 하는 것은 삶의 균형을 깨트리는 행위다.

다음은 어느 초등학생이 쓴 시다. 아이의 생각이 재미있기도 하고
현실이 슬프기도 하다.

> 엄마가 있어 좋다. 나를 예뻐주셔서.
> 냉장고가 있어 좋다. 나에게 먹을 것을 주어서.
> 강아지가 있어 좋다. 나랑 놀아주어서.
> 아빠는 왜 있는지 모르겠다. (김난도 저, 《아프니까 청춘이다》에서 발췌)

이 글을 쓴 어린이의 엄마는 맞벌이를 하지 않나 보다. 엄마가 맞벌
이를 했다면 시가 이렇게 끝나지 않았을까?

'엄마, 아빠는 왜 있는지 모르겠다.'

회사와 나를 동일시하지 마라. 몸이 퇴근을 했으면 마음도 퇴근을
해야 한다. 회사의 일과 가족과의 삶 사이의 균형이 깨지면 모든 것이
무너질 수 있다. 일할 때는 일하고 놀 때는 놀아야 한다.

04
일하는 현장 곳곳에
재미를 심어라

2018년 러시아 월드컵은 이변의 연속이었다. 특히 발칸반도의 작은 나라 크로아티아가 결승에 오른 일은 최대 뉴스거리였다. 크로아티아는 전통의 강호 잉글랜드를 꺾고 결승에서 프랑스와 만났다. 당시 언론매체에 게재된 사진 한 장이 사람들의 눈길을 끌었다. 안드레이 플렌코비치 크로아티아 총리가 축구대표팀 유니폼을 입고 국무회의에 참석한 모습이었다. 전국적인 응원 분위기를 따른 행동이었겠지만, 총리가 국무회의에 유니폼을 입고 참석한 것은 신선한 아이디어임에 틀림없다. 아마도 그날 국무회의의 분위기는 보통 때에 비해 색다르고 활기찼을 것이다. 심각한 이견을 보이던 안건도 원만한 토론으로 통과되지 않았을까?

당신이 일하는 장소에도 이처럼 재미있는 요소를 넣어보자. 당신의 독창적이고 재미있는 아이디어 하나가 직장 분위기를 바꿔놓을 수 있다. 직원들의 생각이 더 유연해져서 일의 효율도 올라갈 것이다.

어느 해 킥 오프(kick off) 미팅에서의 일이다. 매년 1월에 실시하는 킥 오프 미팅에는 많은 직원이 참석하며, 통상적으로 각 부서의 임원들이 나와서 그 해의 주요 사업목표를 발표한다. 그런데 문제는 매년 임원들이 경쟁적으로 무겁고 많은 계획들을 슬라이드에 담아 발표해서 직원들을 지루하게 만든다는 데 있었다. 지루한 프레젠테이션을 들은 직원들은 행사장을 떠나는 순간 무슨 내용을 들었는지 기억도 못 했다.

그래서 나는 그해 미팅에서는 한 가지 핵심적인 계획만 재미있는 동영상에 담아 직원들에게 보여주자고 제안했다. 그것도 30초짜리 짧은 영상으로 말이다. 결국 이 제안이 받아들여졌고 임원들은 각자의 아이디어로 직접 촬영한 동영상을 가지고 와서 발표했다. 엔지니어링 담당 임원은 다른 모든 계획은 생략하고 '직원의 안전'이라는 하나의 메시지만 전달했다. 영업 담당 임원은 팀장들과 가까운 산에 올라서 영업목표를 달성하자는 메시지와 함께 '파이팅'을 외치는 영상을 발표했다. 나는 1월 1일에 대관령에 올라서 찍은 일출광경에 그해 인사팀 핵심 목표인 '직무 몰입'에 대한 포부를 간단히 담았다.

이런 시도는 직원들을 행사에 몰입하도록 했고, 그해에 핵심적으로 추진해야 할 사업목표를 효과적으로 전달할 수 있게 했다.

∴ 회식이나 체육대회가 즐거운 일일까?

어느 따뜻한 봄날, 전 직원이 하나 둘씩 운동장으로 몰려들었다. 지방에 있는 직원들을 태운 대형버스들도 속속 도착했다. 몇 년 만에 하는 전사적인 '스포츠 데이' 행사 날이었다. 인사본부는 한 달 전부터 부산하게 움직였고, TFT(태스크포스팀)도 구성해서 스포츠 종목, 레크리에이션, 점심식사 등 전반적인 프로그램을 계획했다. 행사는 순조롭게 진행되었다. 우려했던 날씨도 좋고, 부상자도 나오지 않았다. 대부분의 직원이 열심히 즐겁게 참여했고, 행사가 끝난 뒤 실시한 만족도 조사에서도 '대체로 만족'이 나왔다. 나쁘지 않은 수준이었다.

그런데 만족도 조사결과와는 달리 직원 개개인의 실제 의견은 분분했다. 어떤 직원은 정말 좋았다는 반응을 보인 반면, 어떤 직원들은 노골적으로 불만을 표시했다. "회사가 어렵다면서 왜 돈 들여서 이런 행사를 하지?", "왜 꼭 이런 행사를 토요일에 해야 하는 거야?", "점심식사가 왜 그 모양이냐?" 등 각양각색의 반응이 나왔다.

회사가 대규모 행사를 하는 이유는 직원에게 '즐거움'을 주고, 활기찬 분위기를 만드는 데 도움이 된다고 보기 때문이다. 물론 효과가 전혀 없지는 않으며, 직원들이 먼저 그런 행사를 요구하기도 한다. 하지만 많은 행사를 치르면서 얻은 나의 결론은 '별로 효과가 없다'이다.

즐거운 직장은 회사의 거창한 프로그램을 통해서 만들어지지 않는다. 그런 기대는 하지 않는 것이 좋다. 본질적으로 회사에는 큰 즐거움이 없다고 봐야 한다. 직장은 본질적으로 스트레스를 받는 장소다.

'행복은 기쁨의 강도가 아니라 빈도다.'

행복 분야 권위자인 에드 디너 교수의 행복에 대한 정의다. 그는 행복은 커다란 성공 뒤에 오는 것이 아니라고 한다. 성공은 행복감을 주지만 그 감정은 오래 가지 않는다. 일류 대학에 입학하면 행복할 것 같지만 금방 취업이라는 또 다른 장애를 넘어야 한다. 대기업에 취업했을 때의 행복감도 한순간이다. 반복되는 야근과 스트레스로 행복감은 사라지기 일쑤다.

현실적으로 직장에서 큰 행복이나 즐거움을 찾기는 쉽지 않다. 승진은 기쁜 일이지만 그것도 잠시뿐이다. 회사의 요구수준은 올라간 직급 이상으로 늘어난다.

직장에서의 즐거움은 일할 때 '사소한 곳'에서 발견해야 한다. 그것이 가장 현실적인 대안이다. 사소한 즐거움이 모여서 사무실 분위기를 부드럽게 만들어주고 쓸데없는 긴장감을 완화시켜준다. 사소한 즐거움은 약간의 노력으로도 누릴 수 있기 때문에 습관화하기도 쉽다.

직장에서의 즐거움을 회식이나 체육대회에서 찾지 마라. 그런 행사에서 오는 즐거움은 한순간일 뿐이다. 재미와 즐거움을 일을 벗어난 곳에서 별도로 찾으려고 해서도 안 된다. 일을 하는 현장 곳곳에 재미와 즐거움이 있도록 만들어야 한다. 일 속에 재미의 요소를 의도적으로 가미해야 한다.

∴ 무엇이 갱도에 갇힌 광부들을 살아남게 했을까?

2006년 테즈메이니아 섬에서 지진이 발생했다. 그 지진의 여파로 금광에서 작업 중이던 2명의 광부가 지하 800미터 갱도에 갇히는 사고가 발생했다. 2명의 광부는 칠흑 같은 어둠 속에서 공포와 허기짐과 싸워야 했다. 그들은 14일 만에 무사히 구조되었는데, 그 중 한 광부가 언론과의 인터뷰에서 이렇게 말했다.

"육체적 고통보다 정신적 고통이 더 어려웠다. 우리는 정신적 고통을 이겨내기 위해 농담을 주고 받고 긴 줄거리의 이야기를 했다. 유머 감각을 유지하려고 했다."

그들은 케니 로저스의 노래 〈갬블러〉를 부르던 중에 구조대원에게 발견되었다고 한다. 유머, 농담, 노래 등이 극한 상황을 이겨내게 해준 것이다.(《연합뉴스》 2010.8.26 기사 참조)

직장에서 하는 일이 힘든 이유는 육체적인 어려움 때문이 아니라 '정신적인 스트레스' 때문이다. 이럴 때 직장 내에 사소한 즐거움을 주는 요소가 많으면 쓸데없는 긴장감과 스트레스를 완화시킬 수 있다. 클린턴 대통령이 재임 중에 있었던 일이다. 클린턴 대통령과 부인 힐러리가 지방 행사에 다녀오다가 주유소에 들렀는데, 그 주유소 사장이 힐러리의 대학시절 옛 남자친구였다. 클린턴도 같은 학교를 다녀서 아는 친구였다. 그 친구를 만나고 주유소에서 나오는 길에 클린턴이 자랑스럽게 힐러리에게 말했다.

"당신 저 친구와 결혼했으면 지금쯤 주유소 사장이 되어 있었겠네?"

그러자 힐러리가 이렇게 받아쳤다고 한다.

"아니오, 여보. 아마 그 친구가 지금 미국 대통령이 되어 있었을 거예요."(《한경비즈니스》 2012.2.14 기사 참조)

당찬 힐러리의 재치 있는 유머다. 역사적인 위인들은 대부분 유머가 있었다. 유머나 위트가 있는 사람은 머리가 좋다. 상황판단이 느리고 핵심을 짚지 못하면 재치 있는 농담을 할 수 없다. 억지로 외워서 하는 유머는 상황에도 안 맞고 뜬금없어서 재미없다.

재치와 유머는 모든 분야의 리더에게 있어서 핵심적인 능력 중 하나가 되고 있다. 기업에서도 재치와 유머 있는 사람을 리더로 삼으려고 한다. 리더는 다른 사람들에게 영향을 미치는 사람이라는 점에서 리더의 유머가 조직 분위기를 활기차게 만들 수 있기 때문이다. 훌륭한 리더는 중요한 메시지를 적절한 비유와 유머를 통해 전달하는 능력이 있으며, 직원들은 메시지를 그렇게 전달받았을 때 더 잘 이해하게 된다.

심각한 회의에서도 리더의 위트 있는 발언이 분위기를 순식간에 밝게 만들 수 있다. 이렇게 회의 분위기가 밝아지면 참석자들은 회의에 더 몰입하게 되고 회의 자체가 생산적으로 바뀌게 된다.

∴ 일의 게임화를 시도하라

게임화는 게임(Game)과 접미사 '화(化)'를 붙인 신조어다. 요즘에는 직장에서도 교육이나 행사를 게임식으로 운용하는 경우가 많다. 이런 방식을 활용하면 사람들의 참여도를 높일 수 있고 무엇보다 재미를 준다. 사람들은 게임에 참여하면 승부욕이 생기고 몰입하는 경향이 있다.

예전 회사에서 구내식당을 리모델링할 때의 일이다. 낡은 식당을 새롭게 단장하는 김에 주방기구도 대폭 개선하고 메뉴도 다양화하기로 했다. 한 달여의 공사를 마치고 새로운 오픈을 며칠 앞두고 있었을 때 직원 한 명이 나에게 이런 제안을 했다.

"식당 명칭에 대한 아이디어 콘테스트를 해보면 어떨까요? 직원들이 재미있어 할 것 같고, 식당 이용률도 높일 수 있을 것 같은데요."

나는 좋은 아이디어라고 생각했고, 그 아이디어대로 콘테스트를 실시하면서 상품까지 걸었다. 무려 100개가 넘은 아이디어가 접수되었고, 그 아이디어들을 전부 공개해서 직원들이 직접 투표로 식당 명칭을 선택하도록 했다. 그렇게 결정된 명칭을 푯말로 만들어서 식당 앞에 세워놓기로 했는데, 푯말 디자인을 맡은 디자인 회사가 제시한 디자인 시안 역시 직원들이 직접 투표를 통해 선택하도록 했다. 이런 과정이 진행되는 동안 직원들은 서로 아이디어를 상의하기도 하고, 우승자를 축하하기도 하고, 다양한 에피소드를 만들어내는 등 순간순간 사소한 재미들을 느낄 수 있었다.

이 사례처럼 회사에 새로운 아이디어가 필요할 때 담당자 혼자 끙끙거릴 필요 없이 전사적인 캠페인을 활용해볼 수 있다. 특히 이런 캠페인을 재미있게 기획해서 여러 사람이 참여하고 관심을 갖게 하면 사소한 재미가 조직 전체에 퍼진다. 당신은 집단지식을 활용해서 좋은 아이디어를 얻는 동시에 조직을 활기차게 만드는 공헌을 함으로써 일석이조의 효과를 얻을 수 있다.

05
'9시 1분'은
'9시'가 아니다

'9시 1분은 9시가 아니다.'

국내 배달 플랫폼업체인 W 사의 '일 잘하는 방법'의 제1 법칙이다. 기업에서의 1분은 단순한 1분이 아니다. 수많은 위험과 기회가 발생할 수 있는 시간이다. 로마시대 사상가인 루키아스 세네카는 "인간은 시간이 부족하다고 항상 불평하면서 마치 시간이 무한정 있는 것처럼 행동한다"라고 말했다. 맞는 말이다. 무한한 듯하지만 가장 부족한 것이 '시간'이다.

회사에서의 시간도 유한하기는 마찬가지다. 하루에 8시간만 주어지기 때문이다. 이 8시간을 가지고 경쟁자들과 경쟁을 해야 한다. 오랜 시간 동안 일해서 생산량을 증대시키는 일은 누구나 할 수 있다. 오늘날 경쟁에서의 승자의 자리는 같은 시간에 더 많이, 더 가치 있는 것을 생산해내는 기업이 차지한다. 결국 경영은 '시간과의 싸움'인 것이다.

그런데 우리의 현실은 어떤가? 직원들은 오래 일하는데 생산성은 떨어진다. 한국의 노동생산성은 다른 선진국에 비해 매우 낮다. OECD 발표에 의하면, 2017년 기준 한국의 노동생산성(시간당 부가가치)은 OECD 국가 중 매우 낮은 수준이다. 아일랜드 88.0달러, 노르웨이 80.4달러, 프랑스 60.0달러, 독일 59.9달러인 데 비해 한국은 34.3달러에 불과하다.

∴ 중요한 일에 90%의 시간을 투입하라

당신은 오늘도 하루를 정신 없이 보냈을 것이다. 그런데 누군가가 "오늘 무슨 일 했어?"라고 묻는다면 할 말이 별로 없을 것이다. 점심 먹을 시간도 없이 바빴던 것 같은데 정작 퇴근시간에 돌이켜보면 무슨 일을 했는지 잘 모르는 경우가 많다. 허탈하기까지 하다. 왜 이런 일이 반복될까?

가장 중요한 이유는, 하는 일이 '핵심적인 개선이나 성과에 집중되어 있지 않기' 때문이다. 일상의 반복적이고 행정적인 일처리는 매우 중요하다. 하지만 회사가 우리에게 거는 기대는 수많은 일상적인 일들을 실수 없이 처리해달라는 데 머물지 않는다. '가치 있는 개선'을 해주기를 기대한다. 조직에서 설정한 상위목표에 자원과 시간이 보다 집중되기를 기대한다. 조직원 입장에서도 핵심적인 한두 가지 업무에 시간과 에너지를 집중해야만 퇴근시간에 허탈감이 생기지 않는다.

핵심적인 업무에 집중해서 일하는 방식의 예를 구체적으로 들어보자. 오늘 당신이 해야 할 일이 10가지 있다. 이 일들을 처리하는 방식은 크게 2가지 유형으로 구분된다. 먼저 성과가 높은 직원은 핵심적인 일 한 가지에 주어진 시간의 90%를 사용한다. 그리고 핵심적인 업무를 마친 후 남은 10%의 시간을 나머지 9가지 일에 사용한다. 비핵심적인 업무는 시간이 남으면 한꺼번에 몰아서 처리한다는 자세로 일하는 방식이다. 사소한 일을 처리할 때는 약간의 실수를 각오하는 자세도 필요하다. 작은 실수도 허용하지 않으려는 자세는 바람직하기는 하지만, 사람의 업무능력과 집중도에는 한계가 있음도 인정해야 한다. 따라서 부족한 시간 내에서 일을 마무리하는 것을 1차적인 목표로 삼고, 나중에 시간이 허용할 때 업무처리의 정확도나 품질을 점검해나가는 방식이 효율적이다.

반면에 성과가 낮은 직원은 일의 우선순위가 정반대다. 즉, 주어진 시간의 90%를 비핵심적인 9가지 업무를 처리하는 데 사용한다. 그러고 나서 핵심적인 업무 한 가지에 남은 시간 10%를 사용한다. 이런 방식으로 일하면 핵심적인 업무의 정확도와 품질을 떨어뜨릴 가능성이 높다. 사람은 우선적으로 처리하는 업무에 더 집중하게 되어 있다. 일반적으로 핵심적인 업무는 난이도가 높고 처리시간이 더 많이 걸린다. 결국 시간은 더욱 부족해지고 야근을 하게 된다.

∴ 거절하지 못하면 24시간도 부족하다

'No'라는 말을 못하는 사람이 있다. 돈을 빌려달라는 친구의 부탁을 거절 못해서 나중에 낭패를 보기도 하고, 자기도 바쁘면서 친구의 리포트를 대신 작성해주느라 끙끙대는 학생도 있다. 'No'라고 못하는 사람은 피해를 본다. 하기 싫은데 거절하기가 어려워 억지로 하기 때문이다. 적절히 'No'를 못하면 내가 계획한 시간관리가 틀어진다.

우리는 왜 거절을 못할까? 《NO라고 말하는 250가지의 방법》의 저자인 미국의 심리학자 수전 뉴먼 박사의 다음 말에 따르면 거절을 못하는 사람은 '겁이 많은' 사람이다.

"항상 남의 비위를 맞추는 피플 플리저(People pleaser)들은 외부의 승인으로부터 안정감과 자신감을 추구한다. 사람들이 자신을 게으르거나 인정머리 없거나 이기적으로 생각할지도 모른다는 공포가 있다. 미움 받거나 왕따를 당할지도 모른다는 두려움 때문에 '싫다'고 거절하지 못한다."

직장에서는 적절한 거절이 필요하다. 동료와 다른 부서의 부탁은 모두 내 시간을 쓰게 만드는 일들이다. 적절한 거절이 없으면 내 시간을 '남을 위해서' 다 쓰게 된다. 물론 동료의 협조 요청을 모두 거절할 수는 없다. 따라서 무엇을 거절하고 무엇을 수용할 것인지를 잘 구분해야 한다. 예를 들어 자주 담배 피러 가자고 하는 직원, 피곤한데 술마시자는 직원, 자기 일을 대신 부탁하고 퇴근하는 직원, 점심시간을 다 쓰고도 차 한 잔 하러 가자는 직원, 본인의 보고서를 같이 작성하자는 직원, 휴가일정을 수시로 바꿔달라는 직원들의 부탁은 거절해야 한다. 이런 부탁을 다 들어주면 당신은 언제 일을 하겠는가? 결국 당신의 시간관리만 엉망이 되고 만다.

남이 불쑥 요청하는 부탁은 내가 계획했던 일이 아니다. 내가 계획한 대로 일이 진행되도록 하려면 적절히 '거절'을 해야 한다.

정시에 퇴근하기 위해서는 근무시간 중에 일을 마쳐야 한다. 대학원 수업에 가기 위해서 중요한 일을 내팽개칠 수는 없지 않은가? 근무시간 중에 일을 마치기 위해서는 시간을 효율적으로 사용해야 한다. 효율적인 시간관리는 '낭비되는 시간을 줄이는 것'만으로도 충분한 경우가 많다. 낭비되는 시간을 줄이기 위해서는 구체적인 노력이 필요하다. '낭비 없이 일하자'라고 마음만 먹어서는 어디에서 얼마나 시간이 허비되고 있는지조차 알 수 없다.

낭비되는 시간은 2가지 부분에서 발생한다. 개인적인 시간에서도 발생하고, 업무와 관련된 시간에서도 발생한다. 다음과 같이 일주일간 이 두 부분에서 시간을 낭비하게 만드는 항목들을 체크해보고, 각 항목별로 낭비되는 시간을 분 단위로 기록해서 하루 동안의 평균을 계산해보자. 당신이 느낌으로 알고 있었던 것보다 훨씬 많은 시간낭비가 발생한다는 사실을 알게 될 것이다.

> • 개인적인 일로 낭비되는 시간 : 개인적인 전화, 인터넷 검색, 점심시간 오래 쓰기, 친구의 방문, 흡연 등
> • 업무와 관련하여 낭비되는 시간 : 회의가 늦어져서 기다리는 시간, 행사 시작 전 대기하는 시간, 휴게실에서 오랫동안 머무는 시간 등

8시간
●

낭비되는 시간의 대부분은 개인적인 일처리에서 발생한다. 개인적인 일을 전혀 하지 않을 수는 없지만 최소화할 필요가 있다. 작은 자투리 시간이 모여서 몇 시간이 될 수 있고, 그만큼 당신의 퇴근시간이 늦어지게 된다.

∴ 다른 사람의 시간을 침해하지 마라

"당신은 왜 이렇게 시간개념이 없어?"라는 말을 듣는 사람이 있다. 이런 사람들은 대부분 습관적으로 회의시간에 늦거나 보고서를 늦게 제출한다. 직장인으로서 가장 기본이 안 되어 있는 유형이다. 시간을 지키는 것은 비즈니스의 시작이고 끝이다. 약속 중에서 가장 중요한 것이 '시간약속'이다. 성과에 대한 약속을 지키지 못하는 것은 양해될 수 있어도 시간약속을 어기는 것은 양해가 되지 않는다. 리더들도 시간개념이 없는 직원을 가장 신뢰하지 않는다.

세계적인 캐주얼 의류업체인 유니클로에는 '5분 전 정신'이라는 문화가 있다. 유니클로에서는 회의가 소집되면 모든 사람들이 회의 시작 5분 전에 도착한다. 만약에 오후 2시에 회의를 하기로 했다면 1시 55분에 시작하는 것이 전혀 이상하지 않다. 모든 회의에서 이러한 규칙이 잘 지켜진다. 이런 규칙을 시행하기 전에는 항상 몇 명이 약속된 회의시간보다 늦어서 다른 사람들이 기다리는 일이 많았다. '5분 전 정신'은 다른 사람의 시간을 소중히 여기자는 취지에서 시작되었다.(김성호 저, 《유니크, 유니클로》에서 참조)

회사에는 회의 일정, 보고 일정, 보고서 제출 마감일, 제안서 제출

마감일, 출퇴근 시간 등 무수히 많은 일정이 있다. 이런 일정들은 모두 '약속'이다. 어느 한 명이 이런 약속을 어기면 너무 많은 사람이 피해를 보게 된다. 예를 들어 50명이 참석하기로 되어 있는 회의에 어느 한 명이 늦어서 10분이 늦춰지면 500분(10분×50명)의 시간손실이 발생한다. 기업에서 시간은 '돈'이다. 생산성이다. 당신이 10분을 늦으면 그만큼 비용이 발생하고 생산성은 떨어진다.

다른 사람의 5분을 소중히 여기지 않는 사람이 본인의 시간관리는 잘하고 있을까? 그럴 가능성은 거의 없다. 5분을 습관적으로 늦는 이유는 둘 중의 하나다. 하나는 자신의 시간을 계획 없이 중구난방으로 사용하기 때문에 시간이 항상 모자라는 경우다. 또 하나는 시간은 많은데 자신이 항상 바쁘다는 것을 과시하기 위해서다. 둘 다 나쁜 습관으로 고치는 것이 좋다.

06
먼저 움직이고
주도적으로 선점하라

아이의 주도적인 성향은 2~3살이 되면서 형성된다고 한다. 아이가 유치원에 갈 때 즈음에는 현관에서부터 엄마와 입씨름이 시작된다. "내가 신을 거야", "내가 문 열을 거야" 등 아이 스스로 하려고 하는 일이 늘어난다. 반면에 이런 아이의 주도성을 엄마가 방해하기도 한다. "엄마가 신겨줄게", "네가 어떻게 열어, 잘못하면 다친단 말이야." 이런 엄마의 간섭이 지나치면 아이가 주도적으로 성장하기 어렵다.

성인이 되고 직장인이 되면 주도성이 더욱 중요해진다. 주도적으로 일하는 훈련이 되지 않으면 모든 일을 수동적으로 상사와 선배에게 의존하게 된다. 이렇게 스스로 문제를 찾거나 해결하려 하지 않으면 상사의 간섭이 점점 늘어나고 결국 주도성이 더 떨어지는 악순환이 반복된다.

'주도적으로 일한다'는 것은 다음과 같다.

- 시키기 전에 움직인다.
- 스스로 판단하고 행동한다.
- 결과에 대해서 책임을 지고 핑계대지 않는다.
- 남보다 먼저 움직인다.

예전 회사에서 경력사원을 채용할 때의 일이다. 보통은 1~2명 정도의 경력사원을 채용하던 것을 당시에는 동시에 5명을 채용해야 했다. 그런데 마침 나는 그 시기에 경력직 채용 프로세스 개선방법을 고민하고 있었다. 그전에 몇 차례 채용실패 사례가 발생해서 '면접을 좀 잘 해서 채용하라'는 사장의 질책을 들었기 때문이다. 그런데 사실 면접을 아무리 잘해도 실패사례는 생기기 마련이므로 나는 채용 프로세스의 근본적인 개선이 필요하다고 생각했다. 며칠째 이런 고민을 하던 어느 날, 채용이 아닌 보상을 담당하는 L 과장이 나에게 이런 의견을 내놓았다.

"온라인 인적성 검사를 추가해보면 어떨까요? 요즘에는 비용도 적게 들고 검사 프로그램도 잘 개발되어 있다고 하던데요."

L 과장은 자신의 담당업무가 아닌데도 부서장인 나의 고민을 읽고 있었다. 나는 그 아이디어를 듣고 채용담당 직원과 함께 적합한 인적성 프로그램을 알아보았고, 다행히 회사 실정에 맞춰 약간의 수정도 가능한 좋은 프로그램을 찾을 수 있었다. 그리고 이 프로그램을 기반으로 새로운 채용 프로세스를 도입한 이후로는 큰 채용실패 사례가 발생하지 않았다. L 과장이 주도성을 발휘하여 적극적으로 아이디어

를 내준 덕분이었다.

주도적이라는 것은 '남보다 먼저 행동한다'는 것이다. 상사가 시킬 때까지 기다리는 것은 주도적인 행동이 아니다. 상사가 지시하기 전에 움직여야 한다. 이를 위해서는 상대방의 마음을 먼저 읽어야 한다. 상대방이 갈 방향을 제대로 읽어서 그 장소에 미리 가 있어야 한다. 그렇지 않으면 상사가 어디로 갈지를 모르니 뒤만 따라갈 수밖에 없다.

상사의 생각을 읽기 위해서는 어떻게 해야 할까? 평소에 '대화'를 많이 하고 '질문'을 많이 해야 한다. 많은 대화를 하다보면 상사의 '관심'과 '우선순위'를 알게 된다. 상사의 코드에 맞추라는 뜻이 아니다. 상사의 우선순위는 조직의 우선순위다. 상사가 관심을 갖고 있는 이슈가 경영진이 중요하게 생각하고 있는 이슈다. 일의 우선순위는 시시각각 변한다. 따라서 항상 관심의 끈을 놓지 않아야 한다.

∴ 새로운 의제를 선점하라

'더 좋은 것보다는 맨 처음 것이 더 낫다."

미국의 마케팅 전문가 잭 트라우트의 '마케팅 불변의 법칙' 중에서 '선도자의 법칙(The law of leadership)'이라고 불리는 제1 법칙이다. 우리는 인류 최초로 달에 첫발을 디딘 사람을 기억한다. 닐 암스트롱이다. 그런데 두 번째로 달 착륙에 성공한 사람은? 아마 모를 것이다. 세계 최초로 에베레스트에 오른 사람은 에드먼드 힐러리다. 두 번째로 오른 사람을 기억하는 사람은 거의 없다.

시장에서는 선도자의 법칙이 더욱 위세를 떨친다. 아이폰은 최초의 스마트폰으로서 오랫동안 시장에서 우위를 점했다. 제록스(Xerox)는 최초의 종이 복사기를 발명하면서 회사의 이름이 고유명사처럼 쓰이기도 했다. 선도적으로 주도하는 자만이 시장에서 오래 기억된다.

일을 할 때도 '선점효과'를 노려야 한다. 남보다 앞서서 문제를 발견해야 한다. 똑같은 이슈에 대해서 누구는 문제를 발견하고 누구는 문제를 발견하지 못한다. 먼저 문제를 발견하는 사람이 그 문제를 선점하게 된다.

문제를 발견했다면 그것을 정리하여 상사에게 제일 먼저 보고해야 한다. 그 문제를 보고 받은 상사는 당신에게 그 문제의 해결을 맡길 것이다. 새로운 프로젝트가 생성되고 당신이 그 프로젝트의 리더가 될 수 있는 것이다. 프로젝트 리더가 된 당신은 그 일에 한해서는 주도적으로 처리해나갈 수 있는 권한을 갖는다. 그 프로젝트에서 좋은 결과를 얻으면 당신은 그 일을 최초로 해결한 사람이 되는 것이다.

회사에는 수많은 크고 작은 이니셔티브와 프로젝트가 생긴다. 중요한 과제들이 반드시 상사에 의해 만들어지지는 않는다. 주도적인 사람이 문제를 선점하여 과제를 스스로 만들어낼 수 있다. 높은 성과는 이처럼 주도적으로 만들어낸 과제에서 나오는 경우가 많다.

∴ 실패라고 해서 다 같은 실패가 아니다

토마스 왓슨이 IBM의 CEO로 일할 때의 일화다. 왓슨은 새로운 사업을 확정하기 위해 한 유능한 젊은 간부를 외부에서 영입했다. 새로 영입한 간부는 새로운 사업계획을 세웠고 주도적으로 사업을 추진했다. 하지만 의욕적으로 추진한 신사업은 1,000만 달러라는 큰 손실을 끼치고 말았다. 실패를 확인한 왓슨은 그 젊은 간부를 자신의 사무실로 불렀다. 젊은 간부는 그만둘 각오를 하고 "제가 사직서를 내야겠지요?"라고 말했다. 이 말을 들은 왓슨은 이렇게 대답했다.

"진담은 아니겠지? 자네를 교육시키는 데 우리가 1,000만 달러나 쓴 마당에 말이야."

주도적이고 의욕적으로 일하다보면 실패를 하는 경우가 있다. 주도성은 '결과에 대해 책임지는 행위'다. 스스로 계획하고 주도한 일에 대해서는 핑계를 대지 않고 책임이 스스로에게 있다고 생각하는 것이다. 이것이 위 사례에서 젊은 간부가 사직서를 제출하려 한 이유였을 것이다.

실패라고 해서 다 같은 실패가 아니다. 가치가 있는 실패가 있고 그렇지 않은 실패가 있다. 주도적으로 일하다가 발생한 실패는 가치가 있다. 학습이 있었을 것이기 때문이다. 이런 실패는 다음 번에 성공으로 돌아올 가능성이 많다. 그렇기 때문에 회사와 상사는 또 다른 기회를 준다.

주도적으로 행동하기 위해서는 좀 더 '자율성'이 있어야 한다. 자율성이 꼭 편안하지만은 않다. 자율성은 대부분 많은 책임을 동반하기 때문이다. 그래서 자신이 없으면 '자율성'을 달라고 요구할 수 없다. 수동적인 사람은 자율성을 주겠다고 해도 거부한다. 책임질 자신도 없고 시키는 대로 일하는 것이 편하기 때문이다.

주도적인 사람은 핑계를 대지 않는다. 자율성을 요구하는 대신 모든 책임을 지겠다는 각오를 한다. 이런 사람은 잘못된 결과에 대해서 상사, 동료, 회사, 환경을 탓하지 않는다. 남에게 책임을 미루는 것은 주도적인 사람이 할 행동이 아니라고 생각하기 때문이다.

더 많은 자율성을 상사에게 요구하라. 물론 상사가 처음부터 당신에게 폭넓은 자율성을 주지는 않을 것이다. 하지만 당신이 작은 성취를 보여주는 사례가 늘어날수록 상사는 점차 더 많은 자율성을 주게 될 것이다. 신뢰가 쌓이기 때문이다. 자율성이 확대될수록 당신이 하는 일의 영역이 넓어지고 더 큰 성장의 기회가 주어질 것이다.

07
몰입하는 습관이
성과를 부른다

예전 회사에서 함께 근무했던 마케팅본부 C 부장의 아들은 당시에 고등학교 1학년이었다. 어느 날 C 부장은 나와 식사를 하면서 최근 아들과 아내가 컴퓨터 게임 때문에 한바탕 언쟁을 벌인 이야기를 들려주었다. C 부장의 아들은 PC를 노트북으로 바꾼 이후부터 방 안에서 혼자 컴퓨터 게임을 하는 시간이 늘었는데, 얼마 전에는 아내가 과일접시를 들고 아들 방문을 여러 차례 노크했는데도 대꾸가 없었다고 한다. 결국 방문을 열고 들어간 아내가 옆에 서 있는데도 C 부장의 아들은 그 사실을 모르고 게임에 완전히 빠져있었다. 아들은 엄마가 어깨를 치고 나서야 놀라서 노트북을 덮고 이렇게 소리 질렀다고 한다.

"왜 엄마는 노크도 없이 들어오세요!"

당시 C 부장의 아들은 게임에 완전히 몰입하고 있었다. 이처럼 무언가에 몰입하면 웬만한 방해요소는 무시할 정도의 상태가 되며, 하고 있는 일의 효과는 최고로 올라간다. 물론 부모 입장에서는 아이가 게임보다는 공부에 몰입해주기를 바라겠지만.

회사 입장에서도 마찬가지다. 직원들이 좀 더 업무에 몰입해주기를 바란다. 실제로 직장에서 자기 일에 몰입하고 있는 직원을 보면 눈빛부터 다르다. 걸음걸이도 빠르고 목소리에도 힘이 있으며, 항상 자신감 있게 정면을 주시한다. 반면에 몰입하지 못하는 직원은 눈빛이 흐릿하고 시선이 여러 방향으로 흩어지며 항상 피곤해 보인다. 걸을 때도 시선이 늘 아래로 향하고 신발을 질질 끌기도 한다.

∴ 성과의 양이 아닌 질을 높여라

성과에는 양과 질이 있다. 성과의 양을 늘리기는 상대적으로 쉽다. 오랫동안 일하면 된다. 반면에 성과의 질을 높이려면 몰입이 필요하다. 성과의 질은 '한정된 시간에 최고의 가치를 내는 것'을 말한다. 따라서 일에 몰입이 안 되면 시간만 쓰고 성과의 질은 크게 올라가지 않는다.

예를 들어 영업지원팀에 N 대리와 P 대리라는 2명의 팀원이 있다고 해보자. 팀장은 N 대리에게는 서울지역의 과거 5년간의 영업실적 데이터를, P 대리에게는 경기지역의 과거 5년간의 영업실적 데이터를 정리해서 당일 오후 3시까지 제출하라고 지시했다. 그런데 동일한 유형의 일을 맡은 두 사람의 일하는 방식에는 큰 차이가 있었다.

먼저 N 대리는 책상의 서류를 정리하고 팀장이 지시한 일을 바로 시작했다. 전화가 와도 짧게 이야기하고 끊었고, 옆 부서 직원이 미팅을 요청해도 마감시한인 오후 3시 이후로 미뤘다.

반면에 P 대리의 일하는 방식은 완전히 달랐다. 책상은 다른 서류들로 여전히 복잡했고, 전화가 오자 업무인지 잡담인지 모를 이야기로 10분 이상을 통화했다. 중간중간 스마트폰으로 무엇인가를 검색해보기도 하고, 옆 부서에서 미팅 요청이 들어오자 주저없이 회의를 하고 돌아왔다.

그렇게 오후 3시가 되자 N 대리와 P 대리는 데이터를 정리한 보고서를 팀장에게 제출했다. 과연 동일한 시간 동안 두 사람이 작성한 리포트의 질이 어땠을까? N 대리의 보고서는 간결하게 핵심적인 내용들이 잘 정리되어 있었고 숫자도 정확했다. 반면 P 대리의 보고서는 복잡해서 이해하기 어려울 뿐 아니라 데이터가 중복되거나 빠진 것도 있었다. 결국 몰입의 차이가 두 사람이 작성한 보고서의 품질차이를 가져온 것이다.

공부를 잘하는 학생은 공부할 때는 공부를 하고 놀 때는 논다. 이런 학생은 공부할 때 무섭게 몰입한다. 이와 마찬가지로 성과의 질이 높은 직원은 일할 때는 일하고 쉴 때는 확실히 쉰다. 일과 휴식의 경계가 명확하다. 핵심적인 일을 할 때는 그 일에만 무섭게 몰입한다.

∴ 작은 몰입을 많이 시도해야 한다

몰입을 한다는 것은 '생각을 한 곳에 집중한다'는 의미다. 몰입은 반복훈련을 통해서 습관화할 수 있다. 처음에는 힘들겠지만 몰입하는 훈련을 반복하다보면 점차 몰입하기가 쉬워진다. 하버드대학교의 심리학 교수인 윌리엄 제임스는 다음과 같은 말로 '생각하는 방식은 반복을 통해 습관화할 수 있다'라고 강조했다.

"아주 사소한 생각조차 영향을 미쳐 뇌 구조를 바꾼다. 생각 하나하나가 뇌 구조를 쉬지 않고 바꾼다. 좋은 생각이든 나쁜 생각이든 뇌에 배선을 만든다. 같은 생각을 여러 번 반복하면 습관으로 굳어버린다. 그러니 생각을 원하는 방향으로 바꾸고 그 상태를 단단히 유지해 새로운 습관을 들여라. 그러면 뇌 구조가 거기에 맞게 변경될 것이다."

몰입을 습관화하기 위해서는 작은 몰입을 많이 시도해보아야 한다. 너무 거창하고 장기적인 일에는 몰입하기가 힘들다. 처음에는 10분간 한 가지 일에만 집중해보라. 그 짧은 시간에도 전화나 상사의 부름, 회의 요청, 동료의 방문 등 많은 방해요소가 나타날 것이다. 이러한 방해 요소를 제거해나가면서 몰입하는 연습을 해야 한다. 10분 몰입에 성공하면 30분으로 연장하는 식으로 훈련을 반복하다보면 어느 순간 몰입이 습관이 된다. 이런 작은 몰입들이 습관이 되면 장시간의 몰입도 가능해진다.

∴ 몰입이 회복탄력성을 높여준다

탄력성이란 원래의 자리로 되돌아오는 힘을 말한다. 회복탄력성 (Resilience)은 심리학에서 주로 사용하는 용어인데, '역경이나 실패를 극복해서 제자리로 돌아가는 능력'을 말한다. 따라서 회복탄력성이 높은 사람은 시련을 만나도 잘 극복해내며, 극복한 이후에 원래의 자리 이상으로 뛰어오르기도 한다. 반면에 회복탄력성이 낮은 사람은 작은 역경조차 극복하지 못해서 제자리로 돌아오지 못하고, 설사 돌아온다

하더라도 많은 시간이 걸린다. 이와 관련해《회복탄력성》의 저자 김주환 교수는 이렇게 이야기한다.

"회복탄력성은 '마음의 근력'이다. 몸의 힘이 근육에서 나오듯이 마음의 힘은 회복탄력성에서 나온다. 근육이나 회복탄력성은 누구나 다 갖고 있지만 그 정도가 개인마다 차이가 있다."

회사에서 일하다보면 누구나 크고 작은 시련을 겪게 된다. 상사에게 질책을 받기도 하고, 동료나 고객들에게서 비난을 받기도 한다. 동기들보다 승진이 늦어질 수도 있고, 실수로 인해 회사에 큰 손실을 끼쳐서 안절부절 못하는 상황에 처할 수도 있다. 이러한 실수와 실패는 모두 과거에 일어난 일들로 돌이킬 수 없기 때문에, 이로 인한 시련이나 고통에서 금방 회복하기가 어렵다.

회복탄력성은 이러한 과거로부터 회복하는 힘을 말한다. 이를 위해서는 현재 내 앞에 펼쳐진 일에 대한 몰입이 필요하다. 몰입을 통해 현재에 집중하다보면 과거는 잊게 된다. 몰입하는 순간 잡념이 없어지고 주변의 잡음이 들리지 않는다. 이러한 순간이 많아질수록 과거의 부정적인 기억이 잊혀지면서 심리적으로 안정이 되고 긍정적인 에너지가 생긴다. 이것이 몰입을 잘하는 사람이 회복탄력성이 좋은 이유다.

08
일에 몰입할 수 있는
습관과 환경을 만들어라

"김 대리는 일에 몰입을 안 해."

만일 팀장이 이런 말을 했다면 김 대리에 대해 이렇게 생각하고 있는 것이다.

- 시간만 보내고 있다.
- 일을 재미없어 한다.
- 실수가 많다.

이런 말을 들은 김 대리는 당장 일하는 습관을 바꿔야 한다. 그렇지 않으면 나쁜 습관이 굳어지고 상사의 평가는 갈수록 나빠지게 된다. 몰입을 하는 성향은 타고나는 것만은 아니다. 잘못된 사고와 행동의 반복이 몰입도를 떨어뜨리기도 하고, 반대로 좋은 행동이 습관화되어 몰입도가 올라갈 수도 있다.

따라서 사고와 행동을 변화시키면 일에 몰입하는 습관을 들일 수 있다. 예를 들어 스키를 처음 배우는 사람이 한 번 슬로프를 타고 내려오면 계속해서 타고 싶은 마음이 생기게 된다. 타고 내려오는 순간에 느낀 흥분과 즐거움을 기억하고 있기 때문이다. 몰입도 마찬가지다. 몰입하는 순간을 자주 겪으면 그 순간들의 재미와 흥분을 기억하게 된다. 몰입의 결과가 좋으면 그 결과에 대한 즐거움도 축적되고, 이런 성공의 즐거움이 다시 몰입을 하게 하는 선순환이 일어난다.

∴ 목표가 눈앞에 보이도록 쪼개고 쪼개라

당신의 연간 영업목표가 10억 원이라고 해보자. 이럴 때 1년 후의 목표를 생각하면서 하루하루 영업을 하면 너무 길고 큰 목표로 인해 피로함을 느끼게 된다. 오늘 아무리 열심히 뛰어다녀도 1년 10억 원이라는 목표는 오늘도 미달성, 내일도 미달성이다. 이래서는 몰입이 될 수 없다. 따라서 몰입을 하려면 오늘의 목표, 오전의 목표, 1시간 동안의 목표 하는 식으로 목표를 잘게 쪼개야 한다. 이렇게 목표를 쪼개면 그 시간만큼은 몰입하게 된다.

그리고 몰입을 통해 작은 목표를 달성할 때마다 스스로를 격려하고 축하해주는 습관을 가지는 것이 좋다. 오전의 목표를 달성하면 잠깐 쉬는 여유를 갖고, 오늘의 목표를 달성했으면 퇴근 후 아내에게 자랑하는 식으로 말이다.

이런 식으로 목표를 작게 쪼개서 그것을 달성하게 되면 피드백을 받기도 쉽다. 목표달성의 결과를 쉽게 확인할 수 있기 때문이다. 이처럼 목표달성에 대한 피드백이 빠를수록 몰입도도 올라가게 된다. 우리가 축구경기를 몰입해서 보는 이유는 경기 중에 '골'이라는 피드백이 즉시 나타나기 때문이다. 지금 보고 있는 축구경기의 결과가 한 달 후에 나온다면 누가 경기에 몰입하겠는가? 아이들이 컴퓨터 게임에 몰입하는 이유도 이번 게임에 이기면 나의 게임랭킹이 한 단계 올라가는 것을 바로 확인할 수 있기 때문이다.

∴ '약간 도전적인' 목표가 몰입도를 높인다

보통 등산을 할 때는 먼저 '어느 산을 목표로 할까?'를 정한다. 이때 등산을 즐기는 사람들은 대부분 '조금 힘들지만 내 체력으로 오를 수 있는 산'을 선택한다. 체력이 감당이 안 되는 산은 일단 제외하고, 너무 오르기 쉬운 산은 자존심이 허락하지 않기 때문이다.

'조금 힘들지만 내 체력으로 오를 수 있는 산'의 정상 가까이 가면 어김없이 깔딱고개가 나타난다. 평탄한 산행 중에 갑자기 나타난 바위 투성이의 경사진 고개를 넘지 않으면 정상에 오를 수 없다. 물론 대부분의 사람들이 그 고개를 무사히 넘어 정상에 올라서 성공을 자축하며 즐거워한다. 등산을 즐기는 사람들은 이처럼 '약간 도전적인 산'의 정상에 올랐을 때의 흥분을 잊지 못해 등산을 계속 하게 된다.

몰입도 그렇다. 너무 힘든 목표를 세우거나, 반대로 너무 쉬운 목표를 세우면 몰입하기가 어렵다. 너무 힘든 목표를 세우면 실패할 것이 뻔하다는 생각으로 지레 겁을 먹는다. 이런 상태에서는 집중적으로 몰입하기가 어렵다. 반대로 너무 쉬운 목표를 세우면 딴짓을 한다. 느슨하게 움직여도 목표를 달성할 수 있다고 생각하기 때문에, 그 목표에 몰입하지 못하고 이 일 저 일을 늘어놓게 된다.

따라서 몰입을 하기 위해서는 '약간 도전적인 목표'를 세워야 한다. 약간 도전적인 목표란 몰입하면 할 수 있고, 몰입하지 않으면 할 수 없는 목표를 말한다. 이런 수준의 목표를 세웠을 때 가장 동기부여가 잘된다. 업무의 예를 들자면, 팀장이 오후 3시까지 보고서를 제출하라고 지시했을 때 스스로 목표시간을 2시까지로 잡고 그 시간에 제출하는 식이다. 또 오늘 판매목표가 20개라면 스스로 목표를 22개로 높여잡아서 달성하는 것이다. 이런 식으로 약간 도전적인 목표를 달성했을 때의 짜릿한 흥분을 자주 느껴봐야 한다. 그래야 몰입하는 습관을 들일 수 있다.

∴ '하찮은 업무'에 가치를 부여할 줄 알아야 한다

환경미화원으로 일하는 사람이 있다. 그는 평생을 이른 새벽부터 악취 나는 쓰레기를 치워야 하는 미화원으로 살아왔다. 그가 하는 일이 존경 받는 일도 아니고 월급이 많지도 않다. 하지만 그의 얼굴은 항상 밝다. 한 젊은이가 궂은 일을 하면서도 그가 늘 밝은 표정을 잃지 않는 이유가 궁금해서 물었다.

"어떻게 그렇게 항상 행복한 표정을 지으세요? 평생 쓰레기통을 치우는 일을 하고 계시잖아요?"

이런 질문에 그가 웃으면서 대답했다.

"내 일은 쓰레기를 치우는 것이 아니네. 나는 지구의 한 모퉁이를 청소하고 있다네."(최인철 저,《프레임》에서 참조)

이 미화원은 자신의 일을 '돈벌이'나 '청소'로 보고 있지 않다. 자신이 하는 일의 의미를 '지구를 위한 일'로 확대하고 있다. 스스로 이렇게 의미를 부여함으로써 그는 밝은 표정으로 일에 몰입할 수 있었던 것이다.

회사에 들어오는 신입사원은 크게 두 부류로 갈라진다. 사소한 복사업무도 성실하게 하는 부류가 있는 반면, 억지로 마지못해 하는 부류가 있다. 전자는 위의 미화원처럼 복사라는 일을 단순한 '허드렛일'로 보지 않고, 의미를 이런 식으로 확대하는 유형이다.

'회의를 위해 자료를 준비하는 일'

이렇게 의미를 부여하는 직원은 복사 같은 사소한 일에도 몰입을 한다. 이러한 사소한 몰입은 습관이 되어 더 큰 일에도 몰입을 하게 해준다.

반면에 복사를 허드렛일로 생각하는 직원은 복사를 할 때마다 이런 식으로 불평을 한다.

'내가 이런 일이나 하려고 회사에 들어왔나?'

물론 이 직원이 평생 복사만 한다면 나름 정당한 불평으로 볼 수 있다. 하지만 그런 일을 맡는 기간은 잠깐이다. 잠깐 하는 사소한 일에도 의미를 부여할 줄 모르는 직원이 다른 일이라고 잘할 수 있을까? 다른 큰 일이 주어져도 의미를 부여하기 어려울 것이다. 그러면 당연히 일에 몰입이 안 되고 성과가 변변치 못할 것이 뻔하다.

사람은 의미 있다고 생각하는 일에 몰입한다. 일단 시작한 일이라

8시간
•

도 의미가 없다고 판단되면 급격히 몰입도가 떨어진다. '내가 이 의미 없는 일을 왜 하고 있는 거지?'라는 생각이 드는 순간 몰입은 사라진다. 대단한 일에 대단한 의미를 부여하는 것은 누구나 할 수 있다. 남들이 보기에 사소해 보이는 일에서도 의미와 가치를 찾는 노력을 해봐야 한다. 보이는 대로 생각하면 안 된다. '의도적으로 의미를 발견하고 가치를 부여하는 노력'을 해야 한다. 이런 행동이 반복되면 사물을 깊이 있게 보게 되고 일하는 몰입도도 올라간다.

∴ 몰입할 수 있는 환경을 의도적으로 만들어라

기찻길 옆 오막살이 아기아기 잘도 잔다.
칙폭 칙칙폭폭 칙칙폭폭 칙칙폭폭
기차소리 요란해도 아기아기 잘도 잔다.

어릴 적 자주 듣던 동요다. 동요 속 아기는 기차소음에도 아랑곳하지 않고 잠을 잘 잔다. 그럼 우리도 기차소리가 요란한 곳에서 일에 몰입할 수 있을까? 잠깐 동안이라면 몰라도 지속적으로 몰입하기는 어려울 것이다.

따라서 우리가 일을 할 때는 몰입을 방해하는 요소들을 무시하거나 적극적으로 제거해나가야 한다. 수시로 걸려오는 문의전화, 이메일 도착을 알리는 알람소리, 동료들의 잡담소리 같은 것들이 바로 그런 방해요소가 된다. 이러한 방해요소는 적절하게 통제해야 한다. 전화는 간단히 하고, 이메일은 한 번에 몰아서 본다. 계획되지 않은 회의는 가능한 한 미루고, 동료들의 잡담소리가 방해된다면 서슴없이 눈치를 줘야 한다.

물론 몰입을 방해하는 요소들을 완벽하게 제거하거나 통제하기는 어렵다. 따라서 내가 통제할 수 없는 방해요소에 대해서는 어느 정도 무시하거나 순응하는 태도가 필요하다. 어쩔 수 없는 환경을 몰입을 못하는 핑계거리로 삼는 것은 옳지 않다. 이런 사람은 다음과 같은 말을 자주 한다.

"전화가 너무 많이 와서 일을 할 수가 없다", "시끄러워서 일에 집중할 수가 없다", "소프트웨어 버전이 낮아서 계산이 자꾸 안 맞는다."

따라서 일에 몰입하려면 통제 가능한 방해요소들은 적극적으로 제거해나가고, 통제가 불가능한 요소들은 무시하거나 받아들여야 한다.

Chapter 2

8

성실성에 기대지 말고
전문성으로 승부하라

01
당신은
전문가인가?

　일반 직장인이 전문가가 될 수 있을까? 나와 비슷한 일을 하는 사람이 한둘이 아닌데 내가 회사나 시장에서 전문성을 인정받을 수 있을까? 당신도 이런 의문을 가지고 있을 것이다.

　당연히 당신도 전문가가 될 수 있다. 직장인의 전문성은 '자신의 분야에서의 전문성'을 말한다. 특정 업무에 대한 탁월한 지식과 경험, 문제해결 능력을 갖추는 것이 바로 전문성이다. 다만 이런 전문성을 갖추려면 각별한 노력이 필요하다. 당신이 별다른 계획과 준비 없이 막연히 일만 열심히 한다면 앞으로도 전문가가 될 가능성은 낮다. 전문성을 갖추려면 오랜 시간 동안 시간과 에너지를 한 분야에 쏟아야 한다. 그 분야에 맞춰 일에 대한 철학과 일하는 방식을 변화시켜야 한다. 전문성을 확보하기 위한 구체적인 비전을 가지고 하나하나 실천해나가야 한다.

　그렇다면 전문성의 정도는 누가 판단하는 것일까? 바로 그 전문성을 필요로 하는 사람이 판단한다. 아무리 자신이 훌륭한 전문가라고 주장해도 다른 사람(예를 들면 상사나 고객)들에게 그 주장이 그대로 받아들여지지는 않는다. 전문가를 찾는 사람들은 객관적인 근거를 토대로 전문성을 확인하고 평가한다.

∴ 당신의 분야에 대해 '깊숙이' 알고 있는가?

일반적으로 우리가 전문가라고 부르는 사람들은 자격증으로서 스스로의 지식과 경험을 입증한다. 하지만 일반 직장인에게는 그런 자격증이 없다. 따라서 일반 직장인이 전문성을 인정받으려면 자격증을 가진 전문가들 이상의 지식과 경험을 가지고 있어야 한다. 그만한 지식과 경험도 없으면서 '대기업에서 20년 근무했으니까 나는 전문가이다'라고 생각한다면, 그것은 자신만의 착각일 뿐 아무에게도 인정받을 수 없다.

또한 지식의 정도가 상식선을 뛰어넘어 말 그대로 전문가 이상의 수준을 갖춰야 한다. 예를 들어 회계 전문가로 인정받으려면 공인회계사나 세무사와의 토론에서도 밀리지 않을 정도의 세무 또는 회계 관련 지식이 있어야 한다. 또 인사 전문가로 인정받고 싶다면 노동법과 근로기준법 등 관련 법률에 대한 충분한 지식을 가지고 있어야 한다. 뿐만 아니라 인사 관련 이론과 시장의 HR 트렌드에 대해서도 해박해야 한다. 마찬가지로 영업 전문가로 인정받으려면 단순히 영업실적만을 내세워서는 안 되며, 외부의 마케팅 컨설턴트와 견줄 정도로 마케팅 이론과 프랙티스를 꿰차고 있어야 한다.

경험 측면에서도 단순히 '이런저런 경험이 많다'라는 주장은 별로 가치가 없다. 경험도 경험 나름이다. 경력사원을 채용할 때 자기소개서에 이렇게 쓰는 사람이 있다.

'저는 대기업에 근무하며 여러 부서를 거치면서 다양한 경험을 했습니다.'

채용담당자로서 이런 소개글을 보면 더 이상 관심이 생기지 않는다. 이런 소개글만으로는 특별한 영역에서 어떤 전문성을 쌓았는지, 문제해결 능력이 어느 정도 수준인지를 알 수 없기 때문이다. 결국 자기소개서에 적은 소개글이 장점이 아닌 단점으로 작용하게 된다.

가치있는 경험은 '특정 한 분야에서 다양한 문제를 해결해본 경험'을 의미한다. 이런 경험을 한 사람은 자신의 분야에서 실패와 성공을 모두 겪어보았을 것이다. 그리고 그런 과정에서 얻은 배움이 있을 것이다. 이런 사람은 자신이 한 번도 겪어 보지 못한 문제를 만났을 때도 당황하지 않고 자신의 과거 경험에서 힌트를 얻어 독특한 아이디어나 해결책을 찾아내는 저력이 있다.

∴ 차별화된 해법을 제시할 수 있는가?

전문가는 차별화된 해법을 제시할 수 있어야 한다. 누구나 할 수 있는 의견이나 해법을 제시하면 전문가라고 할 수 없다. 전문성의 수준은 단순히 지식과 경험의 양으로 결정되지 않는다. 진정한 전문성의 수준은 '얼마나 차별화된 해법을 제시하느냐'에 따라 결정된다.

그렇다면 차별화란 무엇일까? 차별화가 반드시 어마어마한 기술이

나 천재적인 아이디어를 의미하지는 않는다. 사실 엄청난 차별화는 현실적으로 많이 만들어지지 않는다. 차별화의 본질은 '다름'에 있다. 동일한 분야에서 일하는 다른 사람에 비해 '다른 논리', '다른 문제 인식', '다른 해법의 제시'를 보여준다면 그것이 바로 차별화인 것이다.

이런 의미로서의 차별화된 문제해결 능력을 키우려면 무엇보다 '문제를 바라보는 시각을 달리하는 습관'을 들여야 한다. 즉, 현상이나 사물, 이슈, 문제를 대했을 때 스스로에게 다음과 같은 질문을 던지는 습관을 들여야 한다.

- 과거의 것을 답습할 필요가 있나?
- 무엇이 문제의 본질인가?
- 어느 해법이 미래에 더 적합할까?

이처럼 차별화 능력을 키우기 위한 의도적인 노력을 하지 않으면 전문성이 쌓이지 않는다. 차별화의 반대는 '시키는 대로 하기', '그대로 따라하기'다. 이런 습관이 든 사람들은 일을 할 때 자신만의 목소리와 논리를 제시하지 못하며, 상사나 선배가 한 방식이나 말을 앵무새처럼 반복한다. 이런 사람들은 어떤 문제에 부딪쳤을 때 과거의 관행이나 파일을 뒤지기 시작한다.

이처럼 과거를 답습하는 식으로 일하는 습관을 버리지 않으면 학습이 일어나지 않는다. 새로운 시도를 하지 않으니 자신만의 차별화된 해결책이 나올 턱이 없다.

한 외국계 회사에서 인사부장으로 근무했을 때의 일이다. 어느 날 사장님이 CFO와 함께 아시아 본사에 보고해야 하는 다음년도 재무 계획에 대해 논의하다가 인사부서에 급한 지시를 내렸다. 재무계획을 확정해서 몇 시간 내에 아시아 본사에 보내야 하는데, 인건비에 대한 예측이 필요했던 것이다. 문제는 인건비 분석이 여러 변수를 고려해야 할 뿐만 아니라 기술적으로도 보통 2~3일 정도 소요되는 복잡한 작업이라는 데 있었다. 나는 급히 보상업무를 담당하는 C 대리를 불러서 대처방법을 함께 논의해 보자고 했다. 그런데 C 대리는 내 상황 설명을 듣고 나서 잠시 생각하더니 바로 대안을 제시했다.

"사실 재무팀에서 재무계획을 검토한다는 이야기를 듣고 미리 인건비 분석 데이터를 준비하고 있었습니다. 지금 준비 중인 데이터를 조금 수정하면 핵심적인 결과는 한두 시간 내에 뽑을 수 있을 것 같습니다."

실제로 C 대리는 2시간 정도가 지나서 한 장짜리 요약 데이터를 만들어왔고, 덕분에 나는 무사히 사장님에게 분석 데이터를 제공할 수 있었다.

당시에 나는 보상 분야의 전문가인 C 대리의 '전문성'에 의지했다. 회사에서 5년 이상 줄곧 보상과 급여 관련 업무를 해온 C 대리는 근로기준법, 소득세법, 4대 보험법에 대한 지식이 해박했다. 특히 급여, 인건비, 보상 관련 데이터를 분석하고 가공하는 실력은 따를 사람이 없었다. C 대리는 수동적으로 지시만 기다리지 않고 자신의 의견을 논리적으로 말하는 것이 습관화되어 있었고, 나는 평상시에도 C 대리가 제시하는 전문적인 의견과 해법을 듣기 위해서 그를 자주 찾곤 했다.

당신의 상사는 언제 당신을 찾는가? 당신은 상사가 단순히 '지시하기 위해' 찾는 대상인가, 아니면 함께 '논의하기 위해' 찾는 대상인가? 만일 상사가 단순히 자료작성 등의 지시를 하기 위해 찾는다면 당신은 전문성을 인정받지 못하고 있는 것이다. 반면에 상사가 복잡하고 난처한 문제를 논의하기 위해 찾는다면 당신은 상사에게서 전문성을 인정받고 있는 것이다.

그렇다면 상사가 어려운 문제를 논의하기 위해 당신을 찾게 하려면 어떻게 해야 할까? '신뢰'를 주어야 한다. 인간적인 신뢰가 아닌 당신의 '전문성에 대한 강한 신뢰'를 갖도록 해야 한다. 당연히 전문성에 대한 신뢰가 하루아침에 생기지는 않는다. 구체적으로 문제를 해결해주는 사례를 지속적으로 축적해나가야 한다. 가장 좋은 방법은 상사가 문제를 제기하기 전에 당신이 먼저 문제를 발견해내고 그에 대한 해법까지 제시하는 것이다.

오랫동안 직장생활을 했는데도 자기 분야에서 전문성을 갖추지 못한 사람이 상당히 많다. 이렇게 전문성이 없는 사람은 아무도 함께 논의할 대상으로 생각하지 않는다. 이런 사람은 차별화된 문제해결 방법을 모르기 때문에 경력이 아무리 오래 되어도 상사가 시키는 일만 하게 되고, 나아가 직장 내 입지조차 위태로워진다. 당신의 명함에 '마케팅팀 ○○○ 대리'라고 적혀있다고 해서 당신이 마케팅 전문가가 되지는 않는다. 전문적인 문제해결 능력을 갖추지 못하면 계속해서 단순한 업무담당자에 머물 뿐이다.

02
성실하다고
일자리를 주지는 않는다

　과거에는 직장생활에서의 최대 덕목이 성실성, 책임감, 정직성 같은 것들이었다. 이런 덕목들은 모두 '태도'와 관련되어 있다는 공통점이 있다. 특정한 행동보다는 마음가짐과 자세를 중시하는 덕목들이다. 그래서 과거에는 직장인들이 태도가 좋은 직원으로 보이려고 노력했다. 그래야 승진도 잘하고 인정을 받았기 때문이다. 일을 잘한다는 의미도 상사가 시키는 일을 잘하는 것으로 인식했다. 경력의 목표가 특정한 업무에서 오래도록 전문성을 쌓는 것이 아니라 여러 업무를 성실하게 두루 섭렵하는 데 있었다.

　과거에는 왜 기업들이 태도가 좋은 직원을 선호했을까? 성실성과 책임감 같은 태도만으로도 충분히 성과를 낼 수 있었기 때문이다. 대량생산 체제에서는 제품과 서비스가 표준화되고 고객의 요구도 단순했기 때문에 새로운 기술과 아이디어의 창출보다는 선진 기술의 학습과 모방이 더 중요했다. 해결해야 할 문제들도 지금처럼 복잡하지 않았다. 이런 시장 상황에서는 성실하고 열심히 일하는 것만으로도 충분히 성과를 낼 수 있었다.

성실성은 여전히 직장인이 갖춰야 할 중요한 덕목이다. 하지만 지금은 그것만으로는 부족하다. 현재는 전문성을 더 중시하는 경향으로 가고 있다. 다가올 미래에는 전문성이 없는 직원은 일자리를 잃을지도 모른다. 2016년 세계경제포럼(WEF)의 〈직업의 미래(The future of Jobs)〉 보고서에서는 인공지능과 로봇 등의 기술혁명으로 인해 앞으로 700만 개의 일자리가 사라진다고 예측했다. 대신 컴퓨터공학, 수학, 엔지니어링 분야에서 새로운 일자리 200만 개가 생길 것이라고 한다. 산술적으로 500만 개의 일자리 감소를 예상해볼 수 있다. 사라지는 일자리는 대부분 단순 반복적인 업무들이다. 반면에 새롭게 생기는 일자리의 대부분은 '전문성'을 중시하는 업무들이다.

∴ 어떤 부가가치를 제공하고 있는가?

과거에는 규모가 큰 기업이 시장을 주도했고 기업가치도 높았다. 대규모 인력과 자본, 생산시설을 가진 기업이 시장을 지배했다. 하지만 현재는 다르다. 세계적인 혁신을 주도하는 기업들은 모두 인력, 자본, 생산시설이 상대적으로 크지 않다. 전문성과 창의성으로 무장한 소수의 인력들이 고부가가치를 창출하고 있기 때문이다. 네트워크 비즈니스 전문가인 밴 앨스타인 교수가 제시한 데이터가 이를 확인해준다.

1916년에 창립한 BMW의 직원 수는 11만 6,000명이고 기업가치는 570억 달러다. 이에 비해 2009년에 설립된 우버의 직원 수는 1만

2,000명에 불과하지만 기업가치는 620억 달러에 이른다. 1923년에 설립된 월트 디즈니는 현재 직원 수가 18만 5,000명이고 기업가치는 1,650억 달러인데 비해, 2004년에 창립한 페이스북의 직원 수는 2만 600명이지만 기업가치는 5,040억 달러에 달하고 있다.

조직이 필요 이상으로 비대해지면 의사결정이 느려지고 관료화된다. 쓸데없는 형식이 늘어나고 행정절차가 길어지기도 한다. 이런 조직에서는 혁신성이 싹트기 어렵다. 혁신을 추구하는 기업은 사람의 수로 승부하지 않는다. 그런 기업에서는 전문성과 혁신성을 갖춘 소수의 인력으로 높은 부가가치를 창출해낸다.

고부가가치를 내지 못하고 직원 수만 많은 회사는 미래가 불투명할 가능성이 높다. 조직이 유연하지 못하고 변화에 대한 대응이 느릴 수밖에 없어서 시장에 새롭게 등장하는 혁신기업에게 한순간에 따라잡힐지 모른다. 당신이 일하고 있는 회사는 어떤가? 지속적으로 고부가가치를 만들어내고 있는가? 아니면 직원 수만 많고 생산성은 답보상태에 있는가? 또한 당신은 회사에 어떤 부가가치를 제공하고 있는가? 만약에 당신이 회사에 고부가가치를 제공하고 있지 않다면 당신의 일자리는 미래에 위태로울 수 있다. 더 늦기 전에 당신의 분야에서 전문성과 창의성을 확보해야 한다.

∴ 어설픈 지식과 경험은 통하지 않는다

세계경제포럼이 발행한 〈직업의 미래 보고서〉에서는 2020년에 개인에게 요구되는 능력의 중요도를 분석하고 있다. 보고서에 의하면 미래에 가장 필요한 역량은 '복잡한 문제해결 능력'이다. 그다음 요구되는 역량은 '시스템 기술'과 '사회적 기술'이다. 가장 중요성이 떨어지는 역량은 '육체적 능력'이다. 이 보고서의 결론은 '복잡한 문제해결 능력'을 발휘하는 직업은 미래에 살아남고, '육체적 능력'을 필요로 하는 직업은 점점 줄어든다는 것이다.

복잡한 문제해결 능력은 '전문성'을 말한다. 즉, 미래에는 특정 분야에서의 전문성이 생존을 결정하는 가장 중요한 요인이 된다. 앞으로는 갈수록 우리에게 다가오는 문제들이 생소하고 복잡해질 것이다. 이런 문제들은 고도의 전문적인 경험과 지식이 없이는 해결이 불가능하다. 인공지능과 로봇으로도 대체될 수 없는 영역이다. 상식적인 지식과 경험수준으로 접근하면 오히려 문제의 위험을 더 키울 수도 있다. 문제의 원인을 발견하고 다른 문제와의 연결성을 파악하여 해법을 제시하려면 고도의 경험과 전문성이 필요하다.

전문성이 없으면 비즈니스 기회를 발견하기도 어렵다. 과거에는 시장이 작았고 복잡하지도 않았기 때문에 강력한 리더십과 성실성, 추진력으로 실적만 올리면 우수한 영업팀장으로 인정받을 수 있었다. 하지만 지금은 그런 역량만으로는 시장이 어디에 있는지조차 발견하지 못한다. 현재의 영업팀장은 글로벌 역량뿐만 아니라 고도의 협상기술과 시장에 대한 통찰까지 갖추고 있어야 한다. 이런 전문성을 갖춰야만 시장에서 기회를 발견해낼 수 있다.

시장과 소비자에 대한 대응을 위해서는 더더욱 고도의 전문성이 필요하다. 지금의 소비자 수준은 과거와는 비교할 수 없을 정도로 높아졌다. 소비자들의 제품에 대한 지식이 전문가를 능가하는 경우도 많다. 이런 똑똑한 소비자들은 그들의 지식과 제품에 대한 경험을 실시간으로 공유하고 전파한다. 국내에서 생산되는 제품과 서비스의 품질과 가격을 다른 나라에 있는 동종의 제품과 비교해서 조금이라도 차이가 있으면 알리바바나 아마존을 이용해 해외 직구를 하면 그만이다.

최근에는 '트윈슈머(Twinsumer)'라고 하는 새로운 소비계층도 등장했다. 트윈슈머는 물건을 살 때 이미 그 물건을 산 사람의 의견을 참고하여 구매하는 소비자를 말한다. 정보기술 시장조사업체인 포레스터 리서치에 따르면, 유럽 소비자의 50% 이상이 가전제품을 구매할 때 제품 사용후기를 참고한다고 한다. 30% 이상은 제품 사용후기에 매겨진 평가점수에 근거해 구매하며, 15%는 자신이 직접 사용후기를 작성하는 것으로 조사되었다. 이런 구매경향은 우리나라 소비자라고 해서 예외가 아니다. 이런 소비자들을 상대로 상식적인 지식과 경험만으로 물건을 판매할 수 있을까? 지금의 시장은 수많은 시장 데이터를 해석하는 능력, 글로벌 시장에 대한 이해, 제품과 기술 트렌드에 대한 통찰 등의 전문성을 갖춘 사람과 기업만이 상대할 수 있는 영역이다.

∴ 세분화된 전문영역을 잡아라

예전 직장에서 인사부장으로 있을 때 글로벌 컨설팅회사인 머서 컨설팅(Mercer Consulting)의 도움을 받아 연공주의적인 인사제도를 세분화된 직무 중심의 인사제도로 만드는 프로젝트를 진행한 적이 있었다. 프로젝트의 취지에 따라 우리는 먼저 1,200여 명 직원들의 직무를 170여 개로 세분화했다. 그리고 그 구분에 따라 직원들이 역할 및 필요한 지식과 기술이 서로 다른 전문영역에서 경력을 쌓고, 그 분야에서 성장하면 점차 확대된 직무들을 수행할 수 있게 하는 제도를 만들었다. 현재 모든 글로벌 기업들이 바로 이런 식으로 세분화·전문화된 직무체제를 운용하고 있다.

반면에 내가 처음 직장생활을 할 때는 환경이 완전히 달랐다. 첫 직장에서 나는 관리팀에 소속되어 있었는데, 그곳에서는 회사의 모든 행정·총무·인사기능을 수행했다. 그러다보니 관리팀 내 직원 간의 업무영역이 불분명했고, 업무에 필요한 지식과 경험도 분명치 않았다. 회사에서도 이런 직무체제에 맞춰 직원들의 전문성보다는 성실성, 학력, 꼼꼼한 일처리 능력 같은 기본적인 소양을 중요시했다.

하지만 이런 회사들도 성장을 해나가면서 자연스럽게 부서의 기능이 세분화될 수밖에 없다. 위에서 내가 일했던 회사 역시 성장하면서 관리팀이 인사팀과 총무팀으로 나뉘었고, 얼마 지나지 않아 다시 인사팀의 기능이 채용·보상·교육으로 세분화되었다.

이처럼 회사의 직무체제가 세분화·전문화되는 추세는 갈수록 강해질 것이다. 따라서 일의 전문성을 높이려면 현재 회사의 직무체제와 관계없이 스스로 자신의 업무영역을 세분화해보고, 그 영역 안에서 전문성을 높일 수 있는 방법과 경험을 찾아나가는 노력을 기울여야 한다.

또한 지금은 이직이 필수인 시대라는 점도 감안해야 한다. 내가 원하든 원하지 않든 이직의 기회는 오게 되어 있다. 그럴 때 세분화된 전문영역에서의 전문성이 없으면 아무 곳에서도 환영받지 못한다. 지금은 대부분의 회사에서 경력사원을 채용할 때 그러한 전문성을 갖추고 있는지를 제일 먼저 확인하기 때문이다. 결국 그런 전문성을 갖추지 못한다면 이직은 불가능하다고 보면 된다.

내가 인사 담당 임원으로 있었을 때의 일이다. 대리급 정도의 채용 담당자를 새로 뽑아야 해서 공고를 올렸는데 상당히 많은 지원서가 접수되었다. 그런데 막상 수많은 지원자 중에서 채용업무만 전문적으로 해온 사람은 별로 눈에 띄지 않았다. 대부분의 지원자들이 소개서에 자신의 다양한 업무경력만 나열해놓았을 뿐 전문성을 강조하는 내용은 찾아볼 수 없었다. 마치 '인사업무를 오래 했으니 알아서 채용해 주세요'라고 말하는 듯했다. 내가 이런 지원자에게 관심이 가지 않는 데는 2가지 이유가 있다. 첫째 채용업무에 대한 전문성이 없어 보이기 때문이고, 둘째 직무 전문성에 대한 감이 없는 사람을 인사팀원으로 채용할 수 없기 때문이다.

위의 사례처럼 대기업에서 오래 일했다거나 관련 업무를 오래 해보 았다는 경력만으로 채용해줄 회사는 없다. 만일 당신이 기회를 잡고 싶다면 먼저 당신의 영역을 세분화해보고, 그 영역에서 나만의 전문 성을 확보해나가야 한다. 다른 사람이 대체하기 어려울 정도의 실력을 갖춘다는 각오로 미리미리 준비해야 한다.

영역을 세분화하면 자기 영역이 지나치게 좁아질지 모른다고 걱정 하는 사람도 있을 것이다. 하지만 그런 걱정은 할 필요가 없다. 세부적 인 영역에서의 전문성이 확보되면 그 이후에 주변으로 영역을 확장하 기는 어렵지 않기 때문이다. 뿌리가 깊은 나무에서 가지가 쉽게 번창 하는 법이다.

03
직장생활 3년차에
경력의 최종 목표를 세워라

한 취업포털에서 실시한 직장인 설문조사에서 직장인의 45.5%가 '자기계발을 하고 있다'라고 답했다. 자기계발의 목적은 직무와 관련된 것이 제일 많았는데, '직무지식 향상'이 40.7%, '직무 관련 자격증 취득'이 38.9%, '외국어 공부'가 38.0%를 차지했다. 월 평균 자기계발비는 22만 9,000원으로 조사되었다. 반면에 이런저런 이유로 자기계발을 하지 않는 직장인들도 많았다. 그들이 내세운 이유로는 '자기계발 동기가 없어서'가 33.1%로 가장 많았고, 그다음으로 '피곤해서'가 30.4%, '시간이 없어서'가 16.5%를 차지했다.(잡코리아와 알바몬의 공동 설문조사 결과 참조)

실제로 하고 있든 아니든 대부분의 직장인들은 자기계발에 관심이 많다. 자기계발에 많은 시간과 비용을 들이기도 한다. 그런데 문제는 자기계발의 '지속성'이 없으면 원하는 효과를 얻을 수 없다는 데 있다. 많은 직장인들이 자기계발의 시도와 중단을 반복하는 이유는 무엇일까? '목표'가 명확하지 않기 때문이다. 목표수준도, 목표에 도달하고자 하는 시간도 명확하지 않다.

따라서 자기계발의 지속성을 확보하려면 목표부터 명확히 세워야 한다. 여기서 목표는 '경력의 최종 목표'를 말한다. 직장생활의 최종 목표가 될 수도 있고, 직업세계에서의 최종 목표가 될 수도 있다. 경력의 최종 목표는 다음의 2가지를 명확히 설정하는 것을 말한다. '나중에 상무가 되어야지', '나의 목표는 본부장이 되는 것이다'와 같은 직책이나 직급 중심의 목표는 중요하지 않다.

- 어떤 분야의 전문가가 될 것인가?
- 어느 정도 위치의 전문가 수준까지 갈 것인가?

장기적인 경력목표를 세우고 실천하면 몇 가지 변화가 찾아온다. 우선 일을 '학습'이라는 관점으로 바라보게 된다. 자신의 분야에서 새로운 시도를 많이 하게 되고, 경험을 쌓는 것을 선호하게 된다. '주도적'이 되는 것이다. 또한 미래의 경력목표에 필요한 수준을 맞추기 위해 공부도 해야 하고 사람도 만나야 하기 때문에 퇴근 이후에 절제된 생활을 하게 된다.

∴ 느린 의사결정을 '신중함'으로 포장하지 마라

아마존의 설립자 제프 베조스는 다음과 같은 말로 의사결정 속도의 중요성을 강조했다.

"거의 모든 의사결정은 얻고 싶은 정보를 70%쯤 얻었을 때 내려야 한다. 90%를 얻을 때까지 기다리면 대부분 늦게 된다."

의사결정은 '무조건' 빨라야 한다. 의사결정이 느린 것을 '신중함'으로 포장하는 경우가 많다. '신중함'은 얼핏 좋아 보이기도 하지만, 대부분의 실패가 바로 이 '지나친 신중함'에서 비롯되는 경우가 많다. 빠른 의사결정은 실패를 해도 회복의 가능성이 있다. 성공을 한다면 남보다 훨씬 앞서가게 된다.

빠른 의사결정의 중요성은 당신이 경력목표를 세우는 데도 똑같이 적용된다. 즉, 경력목표에 대한 결정도 빠를수록 좋다는 것이다. 신입사원으로 들어가자마자 경력목표를 세운다면 가장 좋을 것이다. 하지만 현실적으로 신입사원은 일에 대한 철학, 자신의 일하는 습관, 전문분야의 미래 등 경력목표를 세우기 위한 정보가 너무 부족하다. 물론 완벽한 정보란 있을 수 없지만 경력목표를 세우려면 어느 정도 일에 대한 통찰은 있어야 한다.

이런 측면에서 직장생활 '3년' 정도 지난 시점이 경력목표를 세우기에 가장 적절한 시기로 볼 수 있다. 대리 정도의 직급일 때다. 3년 정도의 경력이면 조직이 어떻게 돌아가는지 조금은 알게 된다. 자신의 일하는 방식에 대한 체계도 잡혀 있을 것이다. 자신이 가지고 있는 역량의 강점이나 부족한 점도 스스로 발견할 수 있고, 자신이 일하고 있는 분야의 미래도 예측해볼 수 있는 시기다.

경력관리에 실패하는 이유는 경력목표를 늦게 결정하기 때문이다. 그러면 나이 때문에라도 전문성의 확보가 불가능해지고, 결국 시장에서 환영 받지 못하는 사람이 된다. 시장에서 인정하는 전문성은 '일관성 있는 경력'을 의미하므로 직장생활 3년차가 훨씬 지난 이후에 주된 경력을 변경하는 데에는 위험성이 따른다. 따라서 경력목표는 가급적 빠르게 결정하고 그 이후에는 부서 이동이나 이직, 자기계발 등이 모두 그 목표에 맞춰 신중하게 이루어져야 한다.

∴ 엉뚱한 곳을 기웃거릴 필요 없다

나는 신입사원으로서 인사팀에 배치되었을 때 그곳에서 무슨 일을 하는지도 몰랐다. 경영학을 전공해서 인사관리 강의를 듣기는 했지만 강의에서 배운 이론은 별로 기억도 나지 않았고, 기억났다 하더라도 그 이론들이 실제 업무에 별 도움도 되지 않았을 것이다. 인사팀에서 내가 처음 맡은 업무는 재직증명서 발급이었고, 그다음에는 임직원 급여업무를 담당했다. 그러다 진급을 하면서 업무영역이 채용, 평가, 보상 등으로 확대되어 나갔다. 내 의지로 시작한 인사팀 업무는 아니었지만 일은 흥미로웠고, 전문성은 서서히 올라가고 있었다.

나는 몇 차례 부서를 이동할 수 있는 기회가 있었지만 그렇게 하지 않았다. 이미 경력목표를 명확히 세워놓았기 때문이다. 내가 카드회사에서 외국계 회사로 이직한 이유는 순전히 나의 경력목표를 달성하기 위해서였다. 당시 내가 세운 경력목표는 이랬다.

'40대 중반에 글로벌 외국계 기업의 인사최고책임자가 되겠다.'

목표가 명확해지자 나의 관심은 온통 그것에만 집중되었다. 경영대학원에 입학한 것도, 영어 1:1 수업을 듣기 시작한 것도 경력목표를 달성하기 위한 준비였다. 몇 번의 이직도 경력목표에 사다리가 된다고 생각할 때만 단행했다. 당장의 연봉이나 직급은 별로 중요하지 않았다.

나는 후배들에게 항상 현재 하고 있는 일에서 전문영역을 찾으라고 말한다. 현재 당신이 하고 있는 일이 당신의 전문영역일 가능성이 제일 높다. 그 일을 3년 이상 해오고 있고 성과를 인정받고 있다면, 엉뚱한 영역에서 미래를 찾을 필요가 없다. 반면에 지금의 일에 흥미가 없고, 성과도 없다면 심각하게 고민해서 빨리 다른 전문분야를 찾아야 한다. 대책 없이 '그냥 버티기'는 자신에게도 회사에게도 손해다.

신입으로 입사해서 처음 배치된 업무가 제일 중요하다. 대부분 첫 업무 분야가 평생을 가기 때문이다. 직장에서 성공한 대부분의 리더들은 최초로 담당한 업무 분야에서 일관되게 성과를 쌓아온 사람들이다. 최초의 업무에서 자신의 강점이 발견되지 않으면 빠르게 다른 분야로의 전환을 시도해야 한다.

∴ 자기 분야에서의 최고임원을 목표로 하라

인사담당 임원, CFO(재무담당 임원), 영업담당 임원, 특정 분야 연구책임자, 마케팅책임자, 법무최고책임자 등은 모두 전문기능 분야에서의 최고책임자들이다. 이런 임원들은 모두 회사에서 전문성의 정점에 있는 사람들이자, CEO를 제외하고는 역할이 제일 큰 지위에 있는 사람들이다.

대표이사가 목표라고 말하는 사람이 있다. 좋은 목표이기는 하지만, 그 목표로 가기 위한 요건과 경로가 너무 다양하다. 즉, 대표이사는 위에서 말한 각 기능의 최고임원 중에서 한 명에게 기회가 생긴다고 보면 된다. 단순히 상무, 전무, 팀장, 본부장이라는 지위를 획득하겠다는 것도 적절한 경력목표라고 할 수 없다. 시장에서는 그런 지위로서 전문성을 평가하지 않는다. 실질적인 실력으로 평가하고, 리더로서 전문분야를 이끌었던 경험을 더 중요하게 생각한다.

외국계 호텔에서 근무할 때 총주방장을 새롭게 채용한 적이 있었다. 글로벌 호텔의 총주방장은 호텔 내 모든 식당과 메뉴, 위생을 관리하는 핵심적인 자리로서, 수많은 쉐프들의 최종 경력목표이기도 하다. 나는 호텔 본사를 통해 총주방장에게 요구되는 사항들, 즉 학력, 기술수준, 경험 등을 자세히 파악해보았다. 총주방장이 되려면 문서 등으로 정형화된 이런 요구수준은 기본이고, 최소한 몇 곳의 글로벌 체인 호텔에서의 쉐프 경험과 다양한 국가에서 현지 쉐프들을 관리해본 경험도 필요했다. 이후 몇 명의 우수 후보자들에 대한 검토와 면접이 이루어졌는데, 이들은 대부분 최소한의 요구수준을 갖추고 있었다. 그들은 모두 경력목표가 명확했고, 그러한 목표에 따라 글로벌 쉐프로서의 요구수준을 충족시키는 방향으로 경력을 관리해왔다.

당신이 최고책임자를 최종 경력목표로 세웠다면, 위 사례의 쉐프들처럼 그 목표에 맞는 요구수준이 무엇인지부터 파악해보아야 한다. 예를 들어 CFO를 경력목표로 세웠다면 당신이 일하는 회사의 CFO의 학력, 전문적인 경험, 부서의 이동, 경력기간, 출신 회사 등을 구체적으로 파악해볼 필요가 있다. 그다음에는 다른 회사 CFO들의 이력까지 찾아봐야 한다. 그러다 보면 CFO에게 요구되는 공통의 자격요건을 파악할 수 있게 된다.

이런 식으로 자격요건을 정확히 파악했다면 그 요건들과 현재 자신의 상황과의 차이를 냉정히 분석해보아야 한다. 이러한 분석을 통해 자신의 부족한 부분을 찾아서 그 차이를 메우는 일에 시간, 노력, 열정을 투입해야 한다. 부족한 지식의 습득을 위해 공부를 더 할 수도 있고, 비즈니스 영어를 새롭게 공부할 수도 있고, 필요한 경우 이직을 결단할 수도 있다. 이러한 체계적이고 끈기 있는 노력을 한 사람만이 최종 경력목표에 도달하게 된다.

04
10년 이상 한 분야를 파야
전문가가 된다

"알파고 은퇴하다니… 바둑돌을 한주먹 던지고 싶다."

일본에서 대삼관(3대 기전 동시 석권)과 그랜드슬램(7개 기전 정복)의 신화를 쓴 조훈현 9단이 한 신문과의 인터뷰에서 한 말이다. 그는 또 이렇게 말한다.

"더 열심히 공부했다면 더 잘했을 텐데 하고 후회해요. 바둑만 보고 살아온 인생이잖아요. 게으름 피우지 않고 공부했다면 스스로 만족하는 바둑을 두었을 테고, 나를 좀 더 사랑할 수 있었겠지요."

그는 일본, 중국 기사들을 모두 쓰러뜨리며 한때 세계 바둑 1인자가 되었던 사람이다. 입단한 지 50여 년이 되고, 통산 1,500승 고지에 오른 그는 지금도 하루에 8시간씩 공부를 한다고 한다. 평생 한 길을 걸어온 고수의 모습이다.(《조선일보》 2018.6.2 기사 참조)

우리에게도 전문가가 되어야겠다는 목표가 있다. 물론 누구나 조훈현과 같은 고수가 될 수는 없지만 얼마든지 전문성을 인정받을 수는 있다. 직장인의 전문성은 '일을 통해서' 확보할 수 있다. 자신의 분야에서 많은 시간을 투입해야만 실질적인 경험과 지식이 쌓이게 되고 문제해결 능력이 올라간다.

∴ 10년의 내공을 쌓아야 리더가 된다

전문성을 갖추려면 장시간의 경험이 필요하다는 사실은 많은 연구 결과를 통해서도 입증되고 있다. 대표적으로 심리학자인 데 흐로트(De Groot)의 연구가 있다. 그는 서양장기인 체스의 고수들을 관찰해본 결과 체스 초보자가 고수가 되는 데는 최소 1만 시간이 걸린다는 사실을 밝혀냈다.

플로리다 주립대 교수인 에릭슨(Ericsson)은 전문성에 대한 연구를 다른 많은 영역으로 확대했다. 그의 연구에 의하면, 최소한 하루 4시간 동안 10년의 시간을 들여야 전문가가 될 수 있다고 한다. 그는 이런 원리를 '10년의 법칙(10 years of rule of thumb)'이라고 불렀다. 그는 전문가의 역량은 다양한 경험을 통해 문제해결 노하우를 얼마나 체계적으로 습득하는지에 따라 결정된다고 주장했다. 특히 '사려 깊은 훈련(Deliberate Practice)'을 통해 의도적인 노력을 해야만 전문성을 획득할 수 있다고 강조했다.

'1만 시간의 법칙'과 '10년의 법칙'은 나의 인사경험과도 거의 일치한다. 나는 인사책임자로 일하면서 많은 리더와 고급 연구원들을 채용해 봤다. 글로벌 기업에서 리더를 채용하는 기준은 거의 비슷하다. 리더는 한 조직의 성과를 주도적으로 책임지는 사람으로서, 스스로 위험을 분석할 수 있고 기회를 발견하는 능력이 있어야 한다. 또한 해당 분야에서 발생하는 문제에 대한 해결책을 스스로 제시할 수 있어야 한다. 한마디로 리더를 채용한다는 것은 해당 분야의 전문가를 채용하는 것을 의미한다. 글로벌 기업에서 리더를 채용할 때 적용했던 공통 기준은 전문분야에서의 경력이 10년 이상이어야 한다는 것이었다. 전문분야에서 10년 이상 문제해결 경험을 쌓지 않았다면 리더로서 자격이 부족하다고 봤기 때문이다.

당신이 시장에서 인정받는 전문가가 되고자 한다면 일관되게 한 분야에서 10년 이상 노력해야 한다. 10년 동안 깊이 있는 전문지식을 습득해야 하고, 많은 문제를 스스로 해결해보아야 한다. 실패와 성공 경험을 다양하게 축적하고 당신만의 독창적인 문제해결 능력을 구축해나가야 한다.

∴ 직무경력의 일관성이 있어야 한다

대학 동기 중에 대기업에서 일하는 친구가 있다. 그 친구는 처음에 영업부서에 배치되어 몇 년간 영업지점을 돌다가 본사로 배치되었는데, 그 후로도 매우 다양한 지역과 부서에서 일하게 되었다. 한동안 부산의 지점에서 채권관리팀장으로도 근무하더니, 지금은 다시 서울로 올라와서 한 지역본부 고객관리부서의 부장으로 있다. 최근 이 친구는 명예퇴직 시기를 고민했었다고 한다. 좋은 패키지를 갖추고 있을 때 퇴직하는 것이 그의 가장 큰 희망이었다.

대기업에서 25년 이상 근무했고, 대다수의 동기들이 퇴사하는 와중에도 조직에서 인정을 받아 자리를 지키고 있으니, 이 정도면 직장인으로서 성공했다고 볼 수 있다. 잘못된 경력관리를 해왔다고 보기도 어렵다. 하지만 전문성의 관점에서 보면 아쉬운 점이 많다. '직무경력의 일관성'이 떨어지기 때문이다. 결국 그 친구는 이직을 포기했다.

과거에는 직장에서 두루두루 여러 일을 경험해보기를 선호했다. 다양한 부서를 옮겨가며 성과를 내야 승진하기도 좋았다. 기업의 인사정책도 한 분야에서만 전문성을 쌓는 것을 중시하지 않았다. 하지만 지금은 다양한 업무 분야를 두루 경험해본다는 것에 중요한 의미를 두지 않는다. 기업은 훈련기관이 아니다. 지금은 자기 분야에서의 전문성을 기반으로 즉시 성과를 내야 하는 시대이므로 과거와 같은 시각으로 일을 바라보아서는 안 된다.

'회사가 내가 원하지 않는 방향으로 인사발령을 내면 어쩌지?'

이런 고민처럼 당신이 아무리 전문적인 영역에서 일을 하고 싶어도 회사의 인사발령을 피할 수는 없다. 원하지 않는 인사발령을 피하기 위해서는 당신의 노력이 필요하다. 기회가 있을 때마다 당신의 경력계획에 대해 상사와 대화해야 한다. 당신이 일하는 전문분야에서 회사 내 최고, 국내 최고의 전문가가 되는 것이 경력목표라는 사실을 당당히 밝혀야 한다. 당신의 상사가 당신의 미래 경력계획을 기억할 수 있는 분위기를 만들어놓아야 한다.

현재는 회사에서도 과거처럼 무분별한 인사이동은 하지 않으며, 이동을 결정할 때는 전문성 여부를 우선적으로 판단하는 추세이다. 당신이 현재의 업무를 강하게 선호하고 성과가 탁월한 데도 불구하고 무작정 인사이동시키는 경우는 거의 생기지 않는다.

∴ 어떠한 환경에서도 성과를 낼 수 있는가?

진정한 실력자라면 불리한 환경에서도 일관되게 성과를 내야 한다. 평안한 환경과 완벽한 지원을 받으면서 성과를 못 내는 사람은 없다. 전문가가 필요한 이유는 늘 환경은 어렵고 지원은 부족하기 때문이다. 회사는 항상 척박한 환경에서도 문제를 해결해내는 사람을 원한다.

그럼 어떻게 하면 어려운 환경에서도 성과를 낼 수 있을까? 무엇보다 다양한 환경에서 살아남아본 경험이 있어야 한다. 같은 환경에서만 오랫동안 머문 사람은 작은 환경변화에도 민감하게 반응하고 스트레스를 받는다. 환경이 바뀌면 전에 경험해보지 못한 생소한 문제들을 다양하게 접하게 된다. 생소한 문제에 부딪히면 기존의 문제해결 방식을 바꿀 수밖에 없다. 기존의 방식을 바꾸는 데는 당연히 많은 어려움이 따르겠지만, 이를 통해 사고와 행동은 더욱 단단해지게 된다.

가장 큰 환경의 변화는 주변 사람의 변화다. 특히 상사의 변경은 직원에게는 가장 민감한 환경변화가 된다. 새로운 상사와 일하게 되면 직원들은 두 종류의 다른 행동을 보인다. 한 부류는 상사의 변화에 민감하게 반응하는 경우다. 성과는 출렁이고, 새로운 리더십 스타일에 적응하지 못하고 갈등을 일으키기도 한다. 또 하나는 상사의 변경에도 크게 동요하지 않는 부류다. 이런 사람들은 상사가 바뀌더라도 성과가 떨어지거나 갈등을 겪는 일이 없다.

이러한 변화에 대한 반응의 차이는 바로 '적응력'의 차이에서 비롯된다. 적응력(Adaptability)은 직장인으로서 매우 중요한 역량이다. 적응력은 얼마나 다양한 리더와 일을 해봤느냐에 따라 차이가 난다. 권위적인 리더, 관대한 리더, 합리적인 리더, 고집스런 리더, 여성 리더, 외국인 리더 등 다양한 리더를 만나본 사람은 적응력이 높다. 반면에 오랫동안 같은 리더와 일을 해온 사람은 적응력이 떨어질 수 있다. 적응력을 훈련 받을 기회가 상대적으로 적었기 때문이다.

문제는 내가 적응력을 높이기 위해 리더를 바꿀 수는 없다는 데 있다. 그렇다면 다른 노력이 필요하다. 직장에서 일을 하다보면 다양한 성향의 리더들을 만나게 되는데, 당신이 싫어하는 유형의 리더일수록 피하지 말고 적극적으로 만나고 대화해야 한다. 이러한 노력을 통해 다른 리더십을 경험하고, 그들의 행동과 사고방식을 깊이 있게 관찰하는 습관을 들여야 한다. 언제 어디서 그런 유형의 리더를 만나서 함께 일하게 될지는 알 수 없다. 하지만 그때가 되면 당신의 적응력이 빛을 발하게 될 것이다.

∴ 회사는 옮겨도 분야는 유지해야 한다

퇴직하는 사람들은 대부분 사직서에 퇴직 이유를 이렇게 적는다.
'일신상의 사유'

그런데 실제로 퇴직자들을 면담해보면 다양하고 구체적인 퇴직사유가 있음을 알게 된다. 제일 많은 퇴직사유는 역시 '상사와의 갈등'이다. 대부분의 일상을 함께하는 상사와 갈등이 생기면 당연히 회사생활을 해나가기가 힘들다. 그다음 사유는 '지금의 회사에서 인정받지 못한다'는 생각이다. 승진에서 누락되거나 성과가 부진하거나 하여 갈등을 겪다보면 이직을 생각하게 된다. 연봉이나 복지가 열악하다는 이유로 퇴직하는 경우는 의외로 많지 않다. 이런 퇴직사유들을 종합해보면 한마디로 이렇게 정리해볼 수 있다.

'지금이 싫어서'

그런데 이런 사유로 퇴직하면 이직에 실패할 가능성이 높다. 너무 수동적인 태도다. 현재의 괴로움을 일시적으로 피할 수는 있지만 또 다른 괴로운 환경을 만날 가능성이 많다. 현실적으로 회사는 다 비슷비슷하다. 나에게 딱 맞는 회사와 상사라는 것은 이 세상에 없다. 단순히 현재의 괴로움을 회피하기 위한 이직이 위험한 이유다.

그렇다면 성공적인 이직이란 무엇일까? 바로 당신의 '업무영역이 확대'되는 이직이다. 바꿔 말하면, 이직은 당신의 '전문성'이 '확대'되는 경우에만 실행해야 한다. 예를 들어 회계팀 직원이 회계팀장으로 이직하는 것은 전문성이 확대되는 경우다. 리더가 된다는 것은 역할과 책임이 대폭 증가한다는 사실을 의미하기 때문이다. 국내 영업만을 담당하던 사람이 자신의 중국어 실력을 발휘하기 위해 다른 회사의 중국 지역 담당으로 이직하는 것도 성공적인 이직일 수 있다. 중국 시장에 대한 새로운 지식과 경험을 확대하는 기회를 잡은 것이기 때문이다.

이직을 통해 전문성을 확대할 수 있다면 연봉, 복지 등은 신경 쓰지 말아야 한다. 연봉이나 복지를 따라 다니는 이직은 실패할 가능성이 높다. 당신이 시장에서 전문가로 인정받는다면 연봉은 자연스럽게 높아지게 되어 있다. 시장에서 당신의 전문성을 인정받는 것이 우선이다.

05
자기 마케팅으로
존재감을 높여라

〈US News〉에서는 매년 정기적으로 국가별 브랜드 순위를 발표한다. 국가 브랜드는 한 국가에 대한 인지도, 호감도, 신뢰도 등 유·무형의 가치를 말한다. 국가 브랜드가 높으면 그 국가에서 생산된 제품에 대한 국제적인 신뢰도가 높아지며 더 좋은 가격을 받을 수 있다. 또한 해당 국가의 국민은 유·무형의 이익을 얻기도 하고 국제적으로 더 큰 존중을 받기도 한다.

2018년 5월에는 경제전문지 포브스(Forbes)에서 전 세계 글로벌 기업의 브랜드 가치를 평가해서 1위부터 100위까지의 순위를 발표했다. 1위는 애플로 1,828억 달러, 2위는 구글로 1,049억 달러이고 마이크로소프트, 페이스북, 아마존이 그 뒤를 따르고 있다. 높은 브랜드 가치를 갖는 기업들은 고객의 절대적인 신뢰를 받는다. 기업은 브랜드 가치를 더욱 높이려고 노력하고, 그렇게 높아진 브랜드 가치는 더 높은 고객신뢰를 받게 하는 선순환을 만들어준다.

국가와 기업만 브랜드 가치에 신경 쓰는 것은 아니다. 연예인, 정치인은 물론이고, 최근 급증하고 있는 1인 기업가들도 저마다의 브랜드 가치를 높이려고 노력하고 있다. 차별화된 경쟁력을 브랜드화하지 않으면 시장에서 살아남기 어렵기 때문이다.

직장인도 마찬가지다. 기본적으로 직장 내에서 협력하여 일을 하고 있지만 개인적으로 인정받기 위한 경쟁도 해야 한다. 그런 경쟁에서 이기기 위한 가장 중요한 요소는 '실력'이다. 하지만 실력만으로는 부족하다. 나만의 '브랜드 가치'를 올려야 한다. 나만의 강점과 차별화된 경쟁력을 알리지 않으면 나의 브랜드 가치는 떨어진다. 그 가치가 올라갔을 때 인정도 받고 승진도 할 수 있다.

∴ 나를 노출해야 선택과 인정을 받는다

대규모 프로젝트의 완성이나 창사 이래 최고의 실적만이 나의 실력을 보여주는 길은 아니다. 회사에서 그런 기회는 별로 생기지 않는다. 실력과 존재감이 반복적으로 노출되는 과정에서 결정적인 순간에 회사의 선택을 받게 된다.

실력과 존재감은 여러 사람이 있는 자리에서 노출되었을 때 더 효과적이다. 예를 들어 휴가 중인 팀장을 대신해서 팀장회의에 참석했을 때가 당신의 실력을 노출할 절호의 기회가 될 수 있다. 팀장회의 중에 영업본부장이 경쟁사 동향에 대해 질문했는데, 참석한 영업팀장들이 아무도 대답을 못하고 있다. 이때 당신이 나서서 미리 자세히 파악하고 있던 정보를 명쾌하게 발표한다면 그날 이후로 영업본부장은 당신을 실력 있는 직원으로 기억할 것이다.

예전 직장에서 근무할 때 있었던 일이다. 어느 날 아시아태평양 지역 본사 경영진이 방문해서 타운홀 미팅을 하게 되었다. 타운홀 미팅 방식은 원래 미국의 정치권에서 유래된 회의방식이지만, 글로벌 기업에서도 많이 활용하고 있다. 경영자들은 평소에는 공식적인 보고라인을 통해서 일을 하지만, 정기적 또는 간헐적으로 이런 타운홀 미팅 방식을 활용해서 많은 직원들과 직접 대화하고 그들의 의견을 듣는 자리를 의도적으로 만들기도 한다. 회사의 중요한 메시지를 직접 전달할 수 있고 직원과 직접 소통하는 효과가 있기 때문이다.

당시에 50여 명의 팀장과 임원들이 타운홀 미팅에 참석했다. 미팅에서는 글로벌 전체 실적과 아시아 실적에 대한 정보가 공유되었고, 이후 자유로운 질의응답 시간이 이어졌다. 그런데 늘 그렇듯 별로 질문이 나오지 않고 어색한 시간만 흘렀다.

이때 용감하게 IT 부서의 K 부장과 영업부서의 C 과장이 나섰다. 두 사람은 중요한 미팅에서 발언을 잘하기로 유명했다. K 부장은 영어가 유창하지 않은데도 농담을 섞어가며 정보보안 정책에 대해서 질문을 했다. 영업부서의 C 과장은 두바이를 중심으로 한 중동시장의 확장에 대비한 글로벌 전략에 대해서 질문을 했다. 이들의 질문에 아시아태평양 지역 본사 사장과 오퍼레이션 부사장은 숫자까지 언급하며 친절하게 설명해주었다. K 부장과 C 과장은 고위 경영진들에게 다시 한 번 그들의 존재감과 전문성을 인식시키는 데 성공했다. 2년 후 K 부장은 IT 부서 임원으로 승진했고, 영업부서 C 과장은 강북지역의 영업팀장이 되었다.

직장에서 나의 가치를 올리려면 우선 실력을 쌓아야 한다. 남들보다 전문적인 지식, 기술, 경험을 획득해야 한다. 동시에 자신의 차별화된 강점을 되도록 많이 노출시켜야 한다. 한마디로 '어떤 문제가 생겼을 때 제일 먼저 떠오르는 사람'이 되도록 해야 한다. 노출이 되지 않으면 존재감이 없고 존재감이 없으면 아무도 알아주지 않는다.

∴ 남들이 꺼리는 위험한 일에 나서야 눈에 띈다

기업에서 새로운 제품을 론칭할 때는 그 제품을 담당할 조직이 새롭게 구성되고 해당 조직의 구성원을 내부적으로 공모하게 된다. 이럴 때 대부분의 직원들이 새로운 조직에 들어가기를 꺼리는 경향이 있다. 신제품의 성공 여부를 알 수 없기 때문이다. 고생만 하다가 신제품 론칭이 실패했을 때 돌아올 자리가 없을지도 모른다는 걱정이 앞선다. 하지만 이처럼 불확실한 상황에서 용감하게 나서는 직원이 기회를 잡을 가능성이 높다. 예를 들어 당신이 새로운 사업부에 용감히 지원한다면 그렇게 높아만 보이던 사업본부장과 직접 대화할 기회를 많이 가질 수 있다. 그동안 해보지 못했던 창의적인 시도를 해볼 기회도 얻을 수 있다. 사업 초기에는 어려움이 따르겠지만 신제품이 성공적으로 론칭되고 시장에서 안착하면 당신은 그 조직의 중요한 영역을 이끄는 팀장이 되어 있을 수도 있다.

평화로운 현재의 위치에서 남이 갖지 못하는 기회를 잡기는 어렵다. 남이 꺼리는 위험한 선택을 할 때 기회가 커질 가능성이 많다. 성장을 원한다면 '위험한 선택'을 할 줄 알아야 한다. 회사의 의욕적인 도전에 겁없이 뛰어드는 직원을 회사가 기억 못할 리 없다. 인정받는 리더의 공통점은 남들이 꺼리고 위험한 일들을 해낸 경험이 있다는 것이다.

다음과 같은 일들을 해낸 사람들은 회사와 상사에게 더 깊은 인상을 주게 되며, 그만큼 남들보다 리더가 될 확률이 높아진다.

- 아무도 가지 않으려는 오지의 지점을 자처한 지점 사원
- 남들이 모두 포기한 업체를 기어코 고객사로 만든 영업사원
- 아무도 거들떠보지 않던 문서창고를 깨끗이 정리한 총무팀 직원
- 모든 팀원이 기피하는 블랙 커스터머를 직접 만나서 불만을 잠재운 고객팀 직원
- 집요한 전수조사를 통해 불량품의 원인을 찾아낸 품질관리팀 직원

∴ 약점을 보완할 시간에 강점을 드러내라

학생이 국·영·수 3과목에서 평균 90점을 받는 가장 간단한 방법은 3과목 모두 90점을 받는 것이다. 물론 국어를 100점, 영어를 85점, 수학을 85점 받아서 평균 90점을 만드는 방법도 있다. 만일 두 방법 중 하나를 선택해야 한다면 대부분의 학생이 전자를 선택할 가능성이 많다. 3과목 모두 중요하다는 생각이 강하기 때문이다.

하지만 기업에서 전문성을 인정받는 방법은 좀 다르다. 첫 번째 방법보다는 두 번째 방법이 더 효과적이다. 즉, 핵심적인 강점에 집중하

는 전략을 취했을 때 더 좋은 성과가 나고 다른 사람들에게 나의 존재 가치를 더욱 강하게 인식시킬 수 있다.

누구에게나 약점은 있다. 내과 의사가 외과적 수술 실력이 떨어진다고 그것을 훈련하지는 않는다. 변호사도 마찬가지로, 노동문제 변호사는 노동 분야의 전문성만을 적극 홍보하면서 노동 분야 사건만을 담당하려고 한다. 예를 들어 당신이 마케팅 분야에서 10년 이상 쌓은 경험과 실력으로 팀을 원만하게 이끌고 있는 마케팅팀장이라고 해보자. 그런데 당신은 수많은 마케팅 영역 중에서 프로모션 분야에서의 경험은 많은 데 비해, 홍보·가격 결정·유통채널 관리 등 다른 분야에서의 경험은 상대적으로 적을 수 있다. 이런 경우 대부분의 사람들이 프로모션이라는 강점에 집중하기보다는 홍보 등 약점이 있는 분야의 경험을 보완하는 데 더 많은 노력을 기울인다. 하지만 이처럼 약점을 보완하는 방식은 핵심적인 업무에서 성과를 내거나 평판을 높이는데 별로 도움이 되지 않는다. 그럼에도 당신이 이 방식을 선택한다면 회사 내에서 이런 식의 평판을 듣게 될 것이다.

"김 팀장은 무난하게 팀을 이끄는 것 같기는 한데, 전임 팀장과 스타일이 비슷해서 회사의 마케팅 정책이 변한 건 별로 없어."

반면에 당신이 프로모션이라는 강점에 집중한다면 이런 식의 평판을 듣게 될 것이다.

"김 팀장은 다른 건 몰라도 프로모션만큼은 확실해. 김 팀장이 팀장이 된 이후로 회사의 프로모션 방식이 훨씬 다양해졌어."

사람은 역량에 한계가 있다. 모든 것을 다 잘할 수는 없다. 성과를 내고 전문성을 인정받으려면 강점을 더 강화하고 드러내야 한다.

06
회사는 문제해결을 하라고 당신을 채용했다

　세계적인 물류기업 페덱스(FedEx)는 문제해결 방식으로 '1:10:100의 법칙'을 적용하고 있다. 이 법칙은 근본적이고 빠른 문제해결을 중시한다. 예를 들어 제품의 불량이 즉시 발견되어 해결되면 1의 원가가 드는 반면, 문제의 발견이 늦어지고 해결이 지체되면 10의 비용이 발생한다. 최악의 경우는 불량품이 고객의 손에까지 들어갈 때다. 고객이 손해배상이라도 요구하게 되면 기업은 100의 비용을 감수해야 한다. 작은 문제가 제대로 해결되지 못하면 비용은 10배, 100배로 늘어날 수 있는 것이다.

　기업에서 발생하는 모든 문제는 재무적인 성과와 연관되어 있다. 이익과 비용에 직접적으로 연결되는 문제처럼 보이지 않더라도 결국에는 모두 재무적 성과에 영향을 미치게 된다. 결과적으로 문제의 빠른 해결이 회사의 재무적 성과에 큰 영향을 미치게 되는 것이다.

　회사는 늘 문제투성이다. 문제는 사라지지 않는다. 진화할 뿐이다.

당신이 회사에 채용된 이유는 회사에 문제가 많기 때문이며, 회사는 당신이 그 복잡한 문제들을 해결해주기를 바란다. 당신이 신입사원이든 경력사원이든 회사는 다음 2가지를 기대하면서 당신을 채용했다.

- 문제를 스스로 찾아주기를 바란다.
- 문제를 스스로 해결해주기를 바란다.

회사에 많은 것을 기대하지 마라. 당신이 어려움을 겪을 때 누군가가 다가와서 기꺼이 도와주기를 기대해서는 안 된다. 자원과 시간은 항상 부족하다. 당신은 그 부족한 자원과 시간을 가지고 문제를 해결해내야 한다. 회사는 당신이 무언가 가치 있는 일을 빨리 해주기를 기대한다. 당신의 사고와 행동은 항상 구체적인 문제를 찾아내고 문제를 해결하는 일에 집중해야 한다.

∴ 당연한 것을 의심해보는 습관을 들여라

제정 러시아시대에 페테르스부르크 궁전의 잔디밭에는 항상 경비병 2명이 보초를 섰다. 궁전 내 중요한 입구 등을 지키는 보초들과는 달리 이들은 근무시간 내내 잔디밭 한 가운데 서 있었다. 이유는 아무도 몰랐지만 이 관행은 200년간 이어졌다. 어느 날 새로 임명된 젊은 장교가 이 관행에 의문을 품고 이유를 찾아 나섰다. 그 결과 200년 전 러시아 여제가 궁전의 잔디밭을 산책하는 중에 예쁜 꽃을 발견하고,

그 꽃을 보호하라고 병사에게 경비를 서게 한 데서 시작되었음을 알게 되었다. 그 이후 꽃은 시들고 세월은 흘렀지만 경비를 중단하라는 명령이 없었기 때문에 이 관행은 없어지지 않았다. 이런 배경을 확인한 젊은 장교는 즉시 잔디밭에서 보초를 서는 관행을 폐지했다.(《동아비즈니스리뷰》 2012.11.8 기사 참조)

관행과 전통은 오랜 기간 특정한 상황과 해법을 반영하며 축적되어 온 결과물이다. 그렇기 때문에 비슷한 상황이 생겼을 때 그런 관행과 전통이 그 상황을 해결하기 위한 좋은 방향성을 제시해줄 수 있다. 하지만 오래된 관행과 전통이 새로운 시도를 방해하는 경우도 많다. 변화를 싫어하고 두려워하는 사람이 변화를 거부하는 좋은 핑계거리로 삼기도 한다.

현재 기업을 둘러싼 환경은 급변하고 있다. 빠른 환경의 변화는 완전히 새로운 해법을 요구하기도 한다. 이러한 시대에 과거의 기록과 경험들은 무의미한 경우가 많다. 무턱대고 쫓아갈 이유가 없다. 오히려 과거의 방식에 대한 의문을 제기하는 것을 습관화할 필요가 있다. 이는 과거의 방식을 모두 부정하자는 의미가 아니다. 새롭고 창의적인 대안을 찾는 노력을 하자는 의미다.

당연한 것에 의문을 품는 습관은 작은 문제에서부터 시작해볼 수 있다. 예를 들어 상사와 선배가 과거부터 사용해오던 보고서 양식에 의문을 제기할 수도 있다. 양식이 현실에 안 맞게 복잡하게 구성되어 있다면 스스로 양식을 수정할 수도 있다. 이유도 잘 모르고 관행적으로 해오던 일일 보고서 작성업무를 없애자고 제안할 수도 있다. 반드시 거대한 문제의 발견만이 큰 변화를 가져오는 것은 아니다. 이처럼 일상에서 사소해 보이는 것에 대한 문제의식들이 모여서 큰 변화를 이끌게 된다.

∴ 보이지 않는 것을 보는 능력을 키워라

나는 1월 1일에 항상 일출을 보기 위해 동해안을 찾는다. 지금은 중학생인 아들이 초등학교 1학년일 때였다. 당시 나는 아들과 함께 일출을 보다가 '태양이 떠오르는 것이 아니고 지구가 태양을 돈다'라는 사실을 설명해주느라 애를 먹었던 기억이 있다. 아들은 태양이 움직이는 것이 눈에 보이는데 왜 지구가 도느냐고 계속 의문을 제기했다. 당시 아들이 그런 의문을 가졌던 것은 당연하다. 그때는 어려서 눈에 보이는 것만 사실로 받아들이는 능력밖에 없었기 때문이다.

우리가 문제를 인식할 때도 '드러난 사실'과 '드러나지 않는 사실'을 모두 들여다볼 줄 알아야 한다. '드러난 사실' 자체가 문제인 경우도 있다. 예를 들어 품질 검사원의 눈에 불량품이 발견되거나, 고객이 품질에 대한 컴플레인을 제기하는 것은 '드러난 사실'이다. 문제가 객관적으로 정확히 드러났으므로 원인도 비교적 수월하게 찾아낼 수 있다. 이렇게 발견되는 문제들은 대부분 사소한 것들로, 정해진 개선절차에 따라 빠르게 해결할 수 있다.

하지만 드러난 사실만이 반드시 문제의 핵심은 아니다. 오히려 보이지 않고 숨어 있는, 즉 '객관적으로 잘 드러나지 않는 문제들'이 상대적으로 심각하거나 중요한 경우도 많다. 이런 문제들은 오랫동안 발견되지 않아서 이미 사태가 커져 있는 경우가 많다. 너무 오래 되어서 문제로 인식되지 않기도 한다.

보이는 문제는 누구나 문제로 인식할 수 있다. 우리는 보이지 않는 근원적인 문제를 발견해내는 능력을 키워야 한다. 이를 위해서는 사물이나 현상을 세밀히 관찰하는 습관을 들여야 한다. '보이는 것을 보는 것'은 수동적인 행동이다. 이에 비해 '관찰하기'는 의도적인 행동이다. 보다 본질적이고 근원적인 문제는 '의도적인 관찰'을 통해서만 찾아낼 수 있다.

∴ 진통제만으로는 병을 치료할 수 없다

고객서비스센터는 제품의 최종 소비자가 각종 문제를 접수하고 처리하는 부서다. 고객서비스센터의 일하는 방식을 보면 그 회사의 문제해결 수준을 알 수 있다. A 회사의 고객서비스센터는 그때그때의 고객불만 처리에만 매달린다. 센터장의 중요한 역할은 큰소리 치는 고객을 찾아가서 사과하는 일이다. 개별적인 기술문제 처리가 우선이고, 고객불만에 대한 체계적인 분석작업은 뒷전이다. 반면에 B 회사의 고객서비스센터는 문제해결 방식이 다르다. 고객불만은 체계적으로 분류되고 분석되어 개발팀, 생산팀, 품질팀에 우선적으로 공유된다. 고객의 소리는 전사적인 품질관리 시스템 개선에 빠짐없이 반영된다.

다른 예를 하나 더 들어보자. 회계전산 시스템에 에러가 발생했을 때 단순히 IT팀을 통해 기술적인 문제만 해결하고 넘어가는 경우가 있다. 하지만 더 근본적인 원인은 복잡하게 설계된 회계처리 절차를 전산 시스템이 감당하지 못해서일 수도 있다. 이런 경우 IT 문제를 해결하는 데 그치지 말고 이후에 별도로 회계처리 절차에 대한 근본적인 재검토에 착수해야 한다.

고객의 불만 전화에 사과만 남발한다고 품질이 개선되지는 않는다. 고객의 불만 전화는 문제가 발생했다는 신호일 뿐이다. 근본적인 해결이나 개선책은 품질관리 시스템이나 생산시설에서 찾아야 할 수도 있다.

의사가 환자에게 진통제만 처방한다면 병은 치료될 수 없다. 근본적인 치료법이 아니기 때문이다. 원인을 근본적인 것에서 찾고 해결방법도 근본적으로 접근해야 한다. 문제해결이 잘 되었다는 것은 '같은 문제가 반복되지 않는다'는 것을 의미한다. 뿌리 깊은 문제의 원인을 제거하지 않으면 유사한 문제는 미래에 다시 반복되기 마련이다.

그렇다면 문제해결의 수준, 즉 문제해결이 잘 되었다는 것은 누가 평가할까? 당연히 그 문제를 해결한 당신은 아니다. 그 수준은 문제를 둘러싼 이해관계자들이 평가한다. 이것이 문제의 이해관계자들의 시각에서 해결방법을 찾아야 하는 이유다. 문제해결의 수준은 그 이해관계자들이 원하는 수준과 일치해야 한다. 예를 들어 고객이 당신에게 불친절하다고 문제를 제기했는데, 당신이 고객에게 "그 정도면 친절한 것 아닌가요?"라고 말할 수는 없지 않은가?

07
골목에서 벗어나
시장에서 고수를 만나라

어떤 사람의 현재와 미래를 알고 싶다면 그가 누구를 만나는지를 보면 알 수 있다고 한다. 사람은 자주 만나고 가까이 있는 사람에게서 가장 큰 영향을 받는다. 그런 사람들과 많은 대화를 나누다보면 자연스럽게 지식과 정보의 교류가 일어난다. 이런 상호작용을 통해 서로에게 자극을 주기도 한다.

사람을 만나는 이유는 친목을 위해서이기도 하지만 스스로의 성장을 위해서라는 목적도 있다. 만일 주변에 모두 친목으로 맺어진 사람만 있다면 만나는 대상을 다양화할 필요가 있다. 자기계발과 전문성의 수준을 높이려면 자신에게 자극을 주고 동기부여가 되는 사람을 주변에 의도적으로 만들어놓을 필요가 있다. 골목에서만 머물지 말고 시장으로 나가서 다양한 사람을 만날 기회를 만들어야 한다. 시장에서 나와 유사한 분야에서 일하는 고수와 전문가를 만나서 지식과 정보를 교류해야 한다. 그래야만 당신의 분야에 대한 시야가 확대된다.

∴ 급할 때 도움이 되는 조언자를 만들어라

"중요한 결정을 내려야 할 때 실수를 최소화하기 위해 많은 사람에게 의견을 구한다. 워런 버핏과 로이드 브랭크페인 골드만삭스 CEO, 스티브 잡스의 아내 로런 잡스, 심지어 빌 클린턴 전 대통령 등 각계각층의 사람이 나의 조언자들이다. 다른 사람의 견해를 묻고 참조하는 것은 의무이다. 그렇지 않으면 편협해지기 때문이다."

한 언론 인터뷰에서 팀 쿡 애플 CEO가 한 말이다.(장박원 저, 《리더의 말》에서 발췌) 성장은 혼자의 힘만으로는 이루기가 어렵다. 팀 쿡 같은 세계적인 경영인에게만 조언자가 필요한 것은 아니다. 당신 역시 성장에 도움을 줄 수 있는 전문성 높은 조언자를 주변에 만들어놓아야 한다.

일을 하다보면 한 번도 경험해보지 못한, 긴급한 문제가 발생할 때가 있다. 상사는 나의 의사결정만을 기다리고 있다. 내가 의사결정을 잘못하면 회사에 큰 손실이 발생할 수 있는 상황인데, 회사 내부에 가치 있는 조언을 해줄 사람이 아무도 없다. 너무나 독특하고 전문적인 영역에서 발생한 문제라서 과거의 서류를 뒤지고 책을 뒤져보고 인터넷을 검색해도 문제해결을 위한 힌트를 찾기 힘든 답답한 상황이다.

당신이 위와 같은 상황에 처했을 때 급하게 머릿속에 떠오르는 사람이 있어야 한다. 전화를 하면 단 5분 만에 힌트를 줄 만한 사람 말이다. 꼭 저명한 대학교수나 변호사, 유명인일 필요는 없다. 나와 유사한 영역에서 나보다 더 많은 실패와 성공을 경험해본 사람이면 족하다. 그가 해주는 생생한 조언 한마디는 나의 의사결정에 결정적인 힌트를 주게 되고, 의사결정에 따른 큰 실수를 줄여줄 수 있다.

∴ 나만의 지식 플랫폼을 구축하라

일만 하기도 바쁜 직장생활이지만 일정 시간을 들여 전문성 있는 카페나 블로그를 방문해보기를 권한다. 그런 카페나 블로그에는 재야의 고수들이 많이 모인다. 그들 중에는 직장인도 있고 전문분야에 대한 관심이 많은 프리랜서도 있다. 이런 사람들과 다양한 의견과 정보를 교환해보면 전문성을 쌓는 데 도움이 된다.

또한 직접 개인 블로그를 운영하면 나의 전문적인 지식을 축적해놓는 효과를 얻을 수 있다. 블로그를 나만의 지식 플랫폼으로 활용하는 것이다. 한 분야에서 전문성을 쌓아나가다보면 나만의 지식, 경험, 스토리를 정리해놓고 싶은 욕구가 생기는데, 이때 블로그만큼 좋은 도구도 없다. 마치 일기를 쓰듯이 시간이 허락하는 대로 블로그에 글을 써서 올리다보면 스스로의 지식수준이 올라가고 있음을 느낄 수 있다. 또한 시간이 지나서 방문자가 하나둘씩 늘게 되면, 그들과 자연스럽게 지식과 정보를 교류하는 효과도 얻을 수 있다.

링크드 인(Linked In) 같은 전문가 플랫폼에 가입하는 것도 좋은 방법이다. 링크드 인은 글로벌한 영역에서 활동하는 전문가나 직장인들이 많이 가입되어 있는 소셜 네트워크 미디어다. 이곳에 가입할 때는 개인의 학력, 경력, 능력, 관심사항을 비교적 상세하게 올린다. 그래서 전 세계적으로 활동하고 있는 헤드헌터들이 1차적으로 링크드 인을 검색해서 후보자를 찾기도 한다. 링크드 인에서는 나와 유사한 직무를 하고 있는 사람의 이력과 배경을 비교적 상세히 볼 수 있다. 이런 사람들과 나의 경력과 배경을 비교하는 것은 매우 유용한 일이다. 내가 경력목표로 하고 있는 위치에 있는 사람과 나와의 차이를 명확히 알게 되면, 내가 현재 무엇이 부족한지와 무엇을 준비해나가야 하는지를 깨달을 수 있기 때문이다. 링크드 인에서 활동하는 사람들은 온라인상에서 대화하고 전문적인 정보를 공유하기도 하기 때문에 나의 전문지식을 높이는 데도 도움이 된다.

∴ 크고 넓은 시장에서 더 많은 고수를 만나라

카페, 블로그, 링크드 인 같은 온라인 활동 이외에 오프라인 모임도 적절하게 활용해보는 것이 좋다. 각종 포럼이나 전문가 모임에 등록하면 나와 동일한 영역에서 일하는 사람을 만날 수 있는데, 그들을 통해서 전문적인 정보나 지식을 얻을 수 있다. 규모나 산업유형이 각기 다른 조직에서 당신과 같은 분야의 일을 담당하고 있는 사람들이 들려주는 경험과 사례들은 당신에게 훌륭한 간접경험을 제공해줄 수 있다.

외부에서 하는 전문교육이나 세미나에도 적극적으로 참여해보자. 그런 곳에서 발표하는 사람들은 대부분 현직에 있는 전문가들이나 담당자들인 경우가 많기 때문에, 그들에게서 당신의 분야에 대한 가장 최신의 정보와 사례를 얻을 수 있다. 그런 정보와 사례들 역시 당신에게 훌륭한 간접경험이 될 뿐 아니라, 시장에 대한 통찰력을 키우는 데도 도움이 된다.

교육이나 세미나에서 만나는 사람들과 긍정적인 교류를 이어갈 수도 있다. 나는 한 세미나에서 인연을 맺은 외국계 기업의 인사담당 임원을 아직도 만나고 있다. 약 10여 년 전에 접한 그의 발표는 나에게 긍정적인 자극을 줬으며, 그는 나의 경력관리에 대해 결정적인 조언을 해주기도 했다.

당신은 '회사의 비용'으로 당신의 분야와 관련한 외부 교육에 여러 번 참여해 봤을 것이다. 하지만 회사의 비용으로 참여하는 교육은 대부분 실무적이고 기초적인 내용들이 많아서 고급 정보나 통찰을 얻는 데는 한계가 있다. 또한 회사는 그처럼 고급 정보나 통찰을 얻을 수 있는 교육에는 직원들을 잘 보내지 않는다. 당장 회사 업무에 활용할 수 있는 지식들이 아니기 때문이다.

당신이 전문성을 추구한다면 당신의 돈과 시간을 투자하는 자세를 갖춰야 한다. 투자 없이 결실을 기대할 수는 없지 않은가? 투자는 내가 하는 것이다. 전문가가 되고 싶다면 회사에서 제공하는 교육에만 기대는 소극적인 자세에서 벗어나야 한다. 스스로 투자해야 동기가 더욱 강해지기 마련이다.

교육이나 세미나를 통해 더 크고 넓은 시장에서 활동하는 전문가나 고수를 만나다보면 이런 생각이 들 것이다.

'세상은 넓고 나의 실력은 참 초라하구나.'

고수를 많이 만날수록 이런 생각이 더욱 커질 것이다. 하지만 이것은 결코 당신에게 나쁜 생각이 아니다. 그럴수록 당신은 더욱 자극 받을 것이고 더욱 공부하게 될 것이기 때문이다. 건강한 자극은 성장의 모멘텀이 된다.

08
경쟁과 차별이 싫으면
성장을 포기하라

"30년 전 한국기술자들은 한국에서만 일했다. 하지만 지금은 수천 명의 뛰어난 한국 기술자들이 실리콘밸리에서 일하고 있다. 이 최고의 기술자들은 세계 어디에서든지 일을 할 수 있게 되었다. 이들을 우리는 글로벌 인재라고 부른다. 이제 한국 회사들은 이런 글로벌 인재들을 확보하기 위해 세계 유수의 회사들과 경쟁해야 한다. 이 인재들은 일할 때 그들의 업무능력, 아이디어로 인정받고 대우받기를 원한다. 그들은 절대 나이, 서열, 계급을 기준으로 평가받고 싶어 하지 않는다. 나는 그래서 서열문화가 한국이 글로벌 선진국이 되는 데 장애물로 작용한다고 생각한다."

주한 캐나다 상공회의소 회장을 지낸 시몽 뷔로(Simon Bureau)가 한 경제지와의 인터뷰에서 한 말이다.

∴ 불필요한 과거의 기록들은 잊어라

한국 사회는 여전히 연공과 서열을 중시한다. 저명한 정치인이나 경제인들이 소개하는 이력을 들여다보면 천편일률적이다. 출생연도, 출생 지역을 소개하고, 학력도 초등학교, 중학교, 고등학교, 대학교 순으로 소개한다. 구체적으로 무슨 일을 했는지, 무슨 일을 하고 있는지에 대한 소개는 없고 높은 자리에 있었다는 사실만을 드러낸다. 모두면 과거의 기록들뿐이다.

당신이 프로가 되기 위해서는 과거의 기록들은 잊어야 한다. 학력, 나이, 근속연수 등은 모두 과거의 기록들이다. 그런 것들을 강조하는 사람들은 '경쟁을 싫어한다'는 공통점이 있다. 차별도 싫어한다. 그러면서 과거의 기록만 가지고 기득권을 행사하려고 한다. 이제는 과거가 아닌 현재나 미래에 더 큰 가치를 두는 이런 질문에 답이 되는 사람이 경쟁에서 승자가 되어야 하고, 차별적인 보상을 받아야 한다.

> • 현재 누가 보다 많은 가치와 성과를 기업에 제공하고 있는가?
> • 미래에 누가 보다 많은 가치와 성과를 기업에 제공할 것인가?

당신이 높은 학력을 보유했다고 해서 승진경쟁에서의 유리함을 기대하지 마라. 반대로 승진이 늦어지고 인정을 못 받는 이유를 당신의 학력이나 서열에서 찾지도 마라. 현재와 미래의 성과에 직접적인 연관이 없는 것들은 무시해야 한다. 당신이 현재 가지고 있는 전문성과 창의성, 현재의 성과만을 가지고 치열하게 경쟁해야 한다. 그리고 당당히 차별적인 보상을 요구해야 한다. 그것이 프로의 자세다.

∴ 승진 1~2년 차이는 중요하지 않다

내가 카드회사에 입사했을 때 입사동기가 20명 있었다. '동기사랑 나라사랑'이라는 기치 아래 여자 동기, 남자 동기 구분 없이 친하게 지냈고, 에피소드도 많이 만들었다. 동기들 간의 이런 관계는 까다로운 일처리도 술술 풀리게 하는 위력이 있었다. 그런데 입사 3년차가 지나면서 분위기가 조금씩 변해갔다. 동기들이 모두 대리 승진 대상이 되면서 경쟁자 아닌 경쟁자가 되었기 때문이다. 묘한 긴장감이 흘렀다. 지금 돌아보면 그렇게 심각한 문제가 아닐 수도 있지만, 당시 우리에게는 가장 중요한 관심사였다. 대리 승진은 사회에서 처음으로 홀로서기를 인정받는 절차로 인식했기 때문에 승진이 안 되면 창피해서 회사를 못 다닐지도 모른다고 생각했다. 실제로 승진에 실패한 일부 탈락자들은 몇 개월 후 회사에 불만을 쏟아내며 퇴사하기도 했다.

승진은 한국 사회에서 여전히 중요한 문제다. 나만의 관심사항이 아니라서 더욱 그렇다. 당신이 승진을 하면 당신보다 배우자, 자녀, 부모님, 애인이 더 좋아할 것이다. 하지만 전문성을 추구하는 사람은 직급 승진에 지나치게 연연하지 않는 것이 좋다. 현재의 직급 승진은 역할과 책임의 확대와는 별로 연관성이 없기 때문이다. 승진을 해도 하는 일은 똑같은 경우가 많다. 진정한 승진이라면 '책임과 권한이 실질적으로 확대'되어야 한다.

리더의 의미도 마찬가지다. 진정한 리더는 2명 이상의 조직에서 특정한 기능이나 성과를 책임지는 사람을 말한다. 예를 들어 구매팀의 최 부장이 구매팀의 책임자가 아니고 단독으로 자산구매 업무만을 담당한다면 그는 진정한 리더라고 할 수 없다. 반면에 영업지원팀의 김 대리가 2명의 팀원에게서 보고를 받으면서 영업지원팀의 성과를 책임지고 있다면 진정한 리더의 위치에 있다고 할 수 있다.

직급 승진에 크게 신경 쓰지 마라. 길게 보면 승진 1~2년의 차이는 별로 의미가 없다. 대신에 업무가 확대되는 기회는 절대 놓치지 마라. 단순한 직급의 승진보다는 오히려 업무의 확대가 당신의 전문성을 더욱 높여줄 것이기 때문이다.

∴ 성과에 따른 차별적 보상까지 감수해야 한다

회사는 결과만으로 사람을 판단하려는 경향이 있다. 우리가 일상적으로 하고 있는 일처리와 의사결정 같은 것들은 모두 최종적인 성과를 위한 과정이다. 당신이 최종적인 성과 없이 과정에만 머물러 있다면 이를 좋아할 조직은 없다.

의사가 명의인지 아닌지는 환자의 생명을 살렸는지 아닌지에 따라 평가한다. 그 의사가 수술실에서 현란한 수술 기술을 보여 준다는 사실만으로 의사로서의 실력을 평가하지는 않는다. 의사의 전문성에 대한 평가는 수술의 결과이지 수술하는 기술이 아니기 때문이다. 우리가 유명식당에 가는 이유는 맛있는 요리를 맛보기 위해서다. 쉐프가 유명 호텔 출신이고 스위스 요리 학교 출신이라는 사실은 중요하지 않다. 손님은 제공된 요리의 맛과 멋이라는 결과를 가지고 쉐프의 실력을 평가할 뿐이다.

결과를 만드는 과정에서의 노력도 중요하지만, 무엇보다 중요한 것은 '최종적인 공헌도'다. 당신의 상사 역시 성과로 평가받고 있으며, CEO도 주주에게 성과로 평가받는다. 이러한 평가 프로세스에서는 당신도 예외가 될 수 없다.

이런 사실을 인정한다면, 성과에 따른 차별적인 보상도 인정해야 한다. 보상의 형평성을 주장하는 것은 전문성을 추구하는 프로의 자세가 아니다. 전문성이 높은 업무일수록 개인의 역량에 따른 성과차이가 커지고, 그 차이가 커질수록 보상의 차별도 커질 수밖에 없다. 결국 당신이 성과에 따른 보상의 차별이 크다고 느낀다는 것은 그만큼 당신의 업무가 어렵고 중요하다는 사실을 의미한다. 그렇다면 보상을 생각하기에 앞서 당신의 성과와 의사결정이 그만큼 회사에 큰 영향을 미치고 있다고 생각해야 한다. 누구나 할 수 있는 전문성 없는 업무는 성과에 차이도 없고 보상에 차별도 없다.

09
글로벌 역량은
희소성이 있다

역량에도 희소성이 있어야 한다. 남들이 모두 가지고 있는 것이라면 역량이라고 할 수도 없다. 이런 측면에서 글로벌 역량은 희소성이 있다. 당신이 글로벌 역량을 갖추고 있다면 다른 사람에 비해 충분히 차별적인 대우를 받을 수 있다. 회사에 더 가치 있는 공헌을 할 기회가 생기고, 그만큼 성장할 수 있는 기회도 커지게 된다.

글로벌 역량이란 글로벌 비즈니스에서 성과를 내기 위한 전문적인 지식, 경험, 행동 등을 말한다. 4차 산업혁명은 전 세계간의 '초연결성'이라는 핵심적인 특징을 가지고 있다. 실제로 현재 세계 곳곳에서 생산된 엄청난 양의 지식, 정보, 아이디어들이 거의 실시간으로 전 세계에 공유되고 있다. 이러한 지식, 정보 등의 양은 점점 더 많아지고 전파의 속도도 더욱 빨라질 것이다. 이러한 초연결성은 비즈니스 세계를 더욱 글로벌하게 만들고 있으며, 소비자들은 세계에서 생산되는 제품의 가격과 품질을 실시간으로 비교하고 있다. 한마디로 글로벌 역량을 갖추지 않고는 비즈니스 세계에서 성과를 기대할 수 없는 시대가 오고 있는 것이다.

문제는 글로벌 역량은 다른 역량들과는 달리 훈련이나 학습하기가 어렵다는 데 있다. 다른 역량들에 비해 훈련 받을 장소나 훈련을 시켜줄 멘토를 찾기가 힘들다. 어떻게 훈련을 받아야 할지도 모르겠고, 시작은 했으나 지속하기도 어렵다. 글로벌 역량을 높이기 위해서는 지금부터 이야기하는 요소들을 기준으로 많은 학습과 훈련을 해나가야 한다. 강한 의지를 가지고 다른 역량에 비해 더 많은 노력과 시간을 투입해야 한다. 일을 통해서 글로벌 역량을 쌓을 수 있는 기회를 찾는 노력도 해야 한다.

∴ 글로벌 커뮤니케이션 방식에 익숙해져야 한다

〈하버드비즈니스 리뷰〉에 나온 실제 사례다. 네덜란드 주류회사인 하이네켄(Heineken)은 2010년에 멕시코의 한 대기업을 인수했다. 이때 기업인수로 인해 암스테르담 본사로 이동해서 네덜란드인 팀원들을 부하직원으로 두고 일하게 된 멕시코인 팀장이 이런 하소연을 했다고 한다.

"네덜란드 사람들을 관리하는 것은 보통 일이 아닙니다. 제가 멕시코에서 팀을 이끌었을 때의 경험 같은 것은 하나도 소용이 없었어요. 제가 어떤 프로세스를 시작하기 위해 회의를 열면 회의 중에 팀원들은 이의를 제기합니다. 그리고 제가 전혀 예상하지 못한 방향으로 이야기를 끌고 갑니다. 제가 내놓은 프로세스는 완전히 무시하면서 말이

죠. 자기들이 제 밑에서 일한다는 사실은 신경 쓰지도 않습니다. 가끔 저는 어안이 벙벙해져서 그들을 멍하니 봅니다. 존경심은 어디로 간 거지? 모든 사람을 완전히 동등하게 대우하는 것이 네덜란드 방식이라는 사실은 압니다. 그래서 저는 그런 상황을 최대한 참아보려고 하지요. 그래도 이런 말을 하고 싶을 때가 많아요. '여러분, 혹시 잊었을까 봐 이야기하는데, 제가 당신들의 상사입니다'라고 말이죠."

멕시코인 팀장은 권위적인 커뮤니케이션에 익숙해져 있는 사람이다. 이와 달리 네덜란드인 팀원들은 커뮤니케이션에 권위적인 요소를 고려하지 않는다. 문화의 차이에서 오는 커뮤니케이션 방식의 차이인 것이다.

나도 외국계 기업에서 근무하면서 위와 유사한 경험을 했다. 내가 경험한 미국과 유럽계 회사의 커뮤니케이션 방식은 권위주의적이지 않았으며, 오히려 회의 중에 상사 앞이라고 해서 발언을 적극적으로 하지 않고 조용히 듣고만 있으면 무능한 것으로 간주했다. 자신의 업무범위에서는 누구를 상대하든 명확한 주장을 해야 한다. 상사가 회의 중에 화를 내는 경우는 담당자가 주도적으로 발언하지 않을 때였다.

커뮤니케이션 방식의 차이는 보고서를 작성할 때도 나타난다. 내가 경험한 모든 글로벌 경영진들은 장문의 보고서를 싫어했다. 그들은 보고서의 형식은 중요하게 생각하지 않았으며, 메시지의 정확한 전달을 핵심으로 삼았다. 메시지를 정확히 전달하려면 보고서가 간결해야 한다. 그래서 외국계 기업에서 작성된 문서를 보면 항상 군더더기 없이 간결하게 핵심만 담고 있다. 많은 사람이 모여서 회의를 할 때를 제외하고는 파워포인트를 작성하는 일이 거의 없다. 대부분의 보고는 이메일로 간단히 이루어지며, 거의 모든 결재도 이메일로 진행된다. 보고서를 쓰는 데 시간을 많이 쓰는 것을 이상하게 생각한다.

일상에서의 커뮤니케이션 방식에도 차이가 있다. 외국계 기업에서는 긴장하지 않고 여유 있게 행동하는 사람을 선호한다. 심각한 의제를 논의하는 회의조차 가벼운 농담으로 시작하는 경우가 많다. 지나치게 긴장하는 모습을 보이면 자신감이 없거나 열정적이지 않은 사람으로 생각하는 경향이 있다. 상사와 대화할 때도 마찬가지다. 격식을 차리려고 하거나 지나치게 예의를 갖추려는 태도를 거북스러워한다.

글로벌 기업의 일반적인 커뮤니케이션 방식이 항상 옳지만은 않다. 모든 방식에는 장·단점이 있기 마련이다. 핵심은 그들의 방식을 이해하고, 그런 방식의 장점을 우리의 것으로 만들어야 한다는 데 있다. 그들의 방식을 모르고는 글로벌 비즈니스 현장에서 그들을 극복하기 어렵기 때문이다.

글로벌 비즈니스 세계에서 우리에게 익숙한 커뮤니케이션 방식만을 고집할 수는 없다. 많은 성공적인 글로벌 기업에서 하고 있는 방식에 익숙해질 필요가 있다. 그들의 방식이 글로벌 비즈니스 현장에서 보편적으로 통용되고 있기 때문이다.

∴ '다름'에 대한 개방적인 자세가 필요하다

'할랄(Halal)'은 이슬람교도인 무슬림이 먹고 쓸 수 있는 제품을 말한다. 아랍어로 '허용된 것'이라는 뜻이다. 이슬람 문화권에서는 과일, 야채, 곡류 등 식물성 음식과 어류, 어패류 등의 해산물을 많이 먹는다. 육류 중에는 이슬람식으로 도살된 고기(주로 염소고기, 닭고기, 쇠고기 등)만 허용된다. 반면에 술과 마약류, 돼지고기는 '하람(Haram)'이라고 하여 먹는 것이 금지된다. 할랄 푸드는 전 세계 식품시장의 16%를 차지할 정도로 규모가 크다. 많은 다국적 기업들이 할랄 푸드를 생산하고 있고 한국 기업들도 관련 시장에 진출하고 있다.

이슬람 문화권에서 할랄 푸드를 생산하고 판매하기 위해서는 각별한 주의가 필요하다. 기본적으로 이슬람 율법서인 '코란'을 이해해야 하고, 음식에 대한 현지의 기준과 문화를 정확히 이해해야 한다. 특히 과자, 통조림, 인스턴트 식품 같은 가공식품들에 금지된 재료들이 들어가지 않도록 조심해야 한다.

이런 사례처럼 독특한 시장에서는 시장의 성격과 소비자의 선호 및 기호에 대한 깊은 이해 없이는 생존할 수 없다. 소비자의 선호·기호는 단순히 몇 명을 대상으로 한 시장조사로는 알 수 없다. 소비자 집단이 속한 문화에 대한 이해가 선행되어야 한다. 그들의 행동과 사고체계는 물론 가치관까지 이해해야 한다.

과거에는 쉽게 고장나지 않으면서 기능이 좋은 제품만 만들면 얼마든지 시장을 만들 수 있었다. 하지만 지금은 아니다. 특정 시장에서 제품이 선택을 받으려면 소비자들의 문화, 생활양식, 역사적 배경까지 공부해야 한다. 한때 모스크바에서는 맥도날드에서의 식사가 사회적 지위를 과시하는 의미를 띤 적이 있었다. 반면 같은 시기에 뉴욕에서는 맥도날드에서의 식사가 시간을 아끼기 위해 때우는 끼니라는 의미에 불과했다. 이것은 만약 당신이 당시에 러시아인 직원과 일하게 되었다면 햄버거가 훌륭한 디너가 될 수 있었던 반면, 특별히 초청한 미국인에게는 권할 만한 음식이 못 되었다는 사실을 의미한다.

글로벌 역량이 중시되는 대표적인 직업으로는 외교관을 들 수 있다. 한국직업정보 시스템에서는 이런 외교관이 갖춰야 할 8가지 요소를 제시하고 있다. 역사, 영어, 국어, 사회·인류, 철학·신학, 지리, 법, 예술이 그것이다. 이 중에서도 '역사'가 제일 중요하고 그다음이 영어라고 한다. 한 나라의 문화, 행동양식을 이해하는 데 있어서 역사만큼 중요한 요소가 없다는 의미다.

전 세계를 상대로 일을 하다보면 다양한 국적의 사람을 만나게 된다. 그들은 모두 다른 문화권에 속해 있기 때문에 같은 현상도 다르게 해석하고, 각기 다른 의견을 내기도 한다. 글로벌 역량에는 이러한 문화적 특이성을 인정하고 이해하는 능력도 포함된다. 무엇보다 '다름에 대한 개방적인 자세'를 갖춰야 한다.

국내 드라마나 뉴스를 시청하는 데만 시간을 쓰지 마라. 국내 미디어 뿐만 아니라 글로벌 미디어에서 제공하는 글로벌 이슈들에도 관심을 가져야 한다. 무역전쟁, 글로벌 환경문제, 기후변화, 난민문제 같은 것들에도 관심을 가질 필요가 있다. 이런 정보나 뉴스들이 당장 당신의 업무와 관련이 없는 것처럼 보일 수도 있지만, 이런 폭넓은 정보의 획득이 당신의 시야를 넓혀주고 사고를 확장시켜 줄 것이다. 폐쇄적인 성향이 없어지고 점점 개방적인 성향을 갖게 해줄 것이다.

∴ 영어를 못하면 성장에 한계가 있다

영어의 영향력은 갈수록 커지고 있다. 독일의 언어학자 레이너 엔

리케 하멜(Ranier Enrique Hamel)에 따르면, 1880년에는 세계 과학저널의 36%만이 영어로 작성되었는데, 1980년에는 64%로, 2000년에는 96%로 비중이 늘었다고 한다. 커뮤니케이션 언어에 있어서도 영어의 영향력이 압도적이다. 영어권 지역이 아닌 곳에서의 비즈니스도 영어로 이루어지는 경우가 많다.

영어를 못하는 사람이 글로벌한 일을 하는 것은 불가능하다. 문제는 영어 실력 키우기가 쉽지 않다는 것이다. 영어 공부에 왕도는 없다. 다만 영어를 공부할 때 비즈니스 세계에서 활용되는 영어의 특징을 알고 준비하면 실패를 줄일 수 있다.

나는 처음 외국계 기업으로 이직했을 때 대화는 말할 것도 없고, 사전 없이는 한 문장의 이메일도 쓸 수 없을 정도로 영어 실력이 떨어졌다. 토론은커녕 간단한 회의도 참석하기 부담스러웠다. 제일 공포스러운 상황은 지역 본사 직원들과 전화로 컨퍼런스를 해야 할 때였다. 얼굴을 보면서 의사소통하기도 어려운데, 전화로는 도저히 상대방이 무슨 말을 하는지조차 알아들을 수가 없었다. 그래서 항상 컨퍼런스가 끝나면 회의내용을 요약해서 보내달라고 요청했다. 나는 부족한 영어 실력을 높이기 위해 온갖 방법을 동원했다. 집에서는 CNN을 항상 틀고 살았다. 영어학원, 1:1 영어, 전화영어도 오랫동안 했다. 일할 때 짬짬이 영어로 된 이메일과 문서를 수십 번씩 반복해서 쓰기도 했다. 그곳에서 생존하기 위해서는 그렇게 할 수밖에 없었다.

글로벌 비즈니스 세계에서의 영어의 기준은 '비즈니스 영어'다. 따라서 영어 공부를 한다면 실용 비즈니스 영어에 집중할 필요가 있는데, 이때 2가지 유의해야 할 사항이 있다.

첫째, 글쓰기보다는 회화 위주로 공부하는 것이 좋다. 나의 경우에도 글쓰기는 비교적 짧은 시간에 따라갈 수 있었던 반면, 회화는 계속해서 나를 힘들게 했다. 외국계 기업에서는 글보다 말로 일을 더 많이 한다. 그만큼 토론이 많다. 또한 비즈니스 상황에서는 일상생활에서와는 다른 단어와 문장을 많이 사용하기 때문에 회화 중에서도 반드시 비즈니스 관련 회화를 공부하는 것이 좋다.

둘째, 문서작성 능력을 높이려면 비즈니스 문서나 레터를 찾아서 써 보는 훈련을 많이 해봐야 한다. 이때 논문 등 교과서적인 문서를 읽고 쓰는 훈련은 별로 도움이 안 된다. 비즈니스에서 사용하는 문서의 형태, 문장의 구조, 단어의 사용은 교과서의 그것들과는 확연히 다르기 때문이다. 한글 잘 쓰는 한국인이라고 해서 모두 회사의 보고서를 훌륭하게 작성할 수는 없는 것과 같은 이치다.

외국계 기업에서 일하면서 "영어가 전부는 아니잖아? 일만 잘하면 되지"라고 말하는 사람도 보았다. 영어만 잘하고 일은 엉망인 사람도 있으니 얼핏 옳은 말처럼 들린다. 그런데 현실적으로 보면, 외국계 기업에서 영어를 못하면 할 수 있는 일이 매우 제한적일 수밖에 없다. 글로벌 경영환경에서는 영어가 절대적인 커뮤니케이션 수단이며, 이런 영어를 기반으로 한 커뮤니케이션 능력이 일의 성과를 좌우하는 핵심 역량이 된다. 글로벌 비즈니스 세계에서 벌어지는 클라이언트와의 협상, 고객 클레임의 처리, 노사간의 대화, 수많은 논의와 의사결정 과정 등 모든 커뮤니케이션 활동을 영어라는 도구 없이 어떻게 원활하게 진행할 수 있겠는가? 영어라는 무기를 갖추지 못한다면 글로벌 무대에서 잘할 수 있는 일이 별로 없다.

Chapter 3

8

다양성과 변화의 바다로
뛰어들어라

01

다른 사람의 시각과
입장에서 세상을 보라

세상에는 하루에도 수많은 신제품과 신기술이 등장한다. TV를 켜거나 SNS를 보면 우리의 구매욕을 일으키는 수많은 광고들이 하나같이 '내가 최고입니다'를 부르짖고 있다. 기업들은 저마다 자신들의 제품이 최신의 기능과 최고의 디자인을 갖춘 최고의 제품이라고 주장한다. 하지만 기업들의 엄청난 홍보에도 불구하고 소비자들의 평가는 냉혹하기 그지없다. 시장에서는 오직 극소수의 제품만이 소비자들의 선택을 받는다.

그렇다면 시장에서 실패하는 기업에는 어떤 문제가 있는 것일까? 그들이 실패하는 원인은 자본의 부족일 수도, 생산시설의 부족일 수도, 연구개발 투자의 부족일 수도 있다. 하지만 이런 요건들을 충족한다고 해서 반드시 시장에서 선택을 받을 수 있는 것은 아니다. 그들이 선택을 받지 못한 근본적인 이유는 '고객의 관점'에서 상품을 만들지 않았다는 데 있기 때문이다.

∴ 관점의 전환이 필요하다

한 회사에서 근무하는 직원들의 능력은 거의 비슷비슷하다. 학력도 비슷하고 경력도 비슷하다. 대부분의 직원이 회사의 규정을 잘 지키고 윤리적으로 문제가 없다. 이렇듯 직원들 간에 차이가 별로 없는 듯한데 성과에서는 차이가 난다. 어떤 직원은 일을 잘한다고 인정을 받고 승진도 빠른 반면에, 어떤 직원은 열심히 하는 것 같은데 항상 뒤처지기만 한다. 도대체 왜 이런 차이가 생기는 것일까?

성과를 내는 직원과 성과를 내지 못하는 직원 사이에는 '사물을 바라보는 관점의 차이'가 있다. 즉, 성과를 내고 인정을 받는 직원들에게는 '다른 사람들의 시각으로 사물을 읽어내는 능력'이 있다. 그들은 문제가 생겼을 때 자신의 관점만을 고집하지 않으며, 항상 상대방의 관점에서 바라본다. 스스로를 '객관화'하는 놀라운 능력이 있는 것이다.

모든 직장인의 일하는 시간은 하루 8시간으로 동일하다. 일을 잘하는 사람은 이 시간을 상사와 회사의 시각에서 문제를 해석하고 대안을 찾는 데 사용한다. 반면에 일을 못하는 사람은 똑같은 시간을 자신의 생각대로 문제를 바라보고 보고서를 쓰는 데 사용한다. 상사는 직원의 고객이다. 고객의 시각을 이해 못하는 사람은 고객의 선택을 받지 못한다. 당연한 시장의 원리다.

"나는 상사의 평가에 연연하지 않고 내 소신껏 일을 한다"라고 자랑스럽게 말하는 직원이 있다. 이렇게 말하면 멋있어 보일지는 모르지만 매우 잘못된 생각이다. 상사의 개인적인 성향이나 코드를 따라가라는 말이 아니다. 공과 사를 구분 못하는 상사의 부당한 지시를 따르거나 개인적인 비위를 맞추라는 말은 더더욱 아니다. 일의 관점을 철저히 '성과'에 맞추라는 의미다. 즉, 조직의 성과와 관련해서는 상사의 목표와 우선순위가 곧 회사의 목표이고 우선순위라고 생각하는 것이 옳다.

상사의 평가에 우울해 하고 스트레스 받는 것이 오히려 자연스럽다. 상사의 목표에 기여하려고 노력하는 것은 책임감 있는 태도다. 당신이 낮은 평가를 받고 있다면 상사의 관점에서 스스로를 객관화해보는 것이 좋다. 상대방의 시각에서 사물을 바라보는 습관은 문제를 찾아내는 데 있어서 언제나 효과적이다.

∴ 주장하지 말고 설득하라

나는 회사에서 협상을 많이 했다. 인사부서라는 특성상 주로 노조와의 협상이 많았는데, 특히 매년 시행하는 단체협상과 임금협상은 고도의 협상능력을 필요로 했다. 협상 테이블에서는 가끔 가벼운 농담이 오가기도 하지만, 때로는 거친 말을 주고받기도 하는 등 항상 긴장감이 흐른다. 노사협상 자리는 말의 성찬이다. 서로 상대방의 입장을 무시하고 고집을 부릴 때도 많지만, 기본적으로는 누가 더 논리적으로 상대방을 설득해내느냐에 협상의 성패가 달려있다. 내가 여러 번의 협상경험을 통해 얻은 관점은 이렇다.

'주장하지 말고 설득하자.'

상대방을 이해시키고 원만한 조율을 위해서는 '주장'보다는 '설득'이 더 중요하다. 주장과 설득은 얼핏 비슷해 보이지만 완전히 다른 관점의 말하기 방식이다.

주장은 '나의 관점'에서 말하는 방식이다. 주장만 하는 사람은 이런 말을 주로 한다.

"당신의 생각은 틀렸습니다."

"당신의 생각대로 해서 실패하면 그 책임은 당신에게 있습니다."

"내가 해봐서 알아요. 믿고 맡겨주세요."

자신의 주장이 있는 것은 중요하다. 하지만 주장이 강해지면 고집이 된다. 고집스런 주장이 '소신 있는 태도'로 포장되기도 한다. 상대방의 관점이 고려되지 않는 소신 있는 태도는 바람직하지 못하다. 협상에서 실패하는 대부분의 이유가 바로 지나친 소신과 주장 때문이다.

반면에 설득은 '상대방의 관점'에서 말하는 방식이다. 설득을 잘하는 사람은 주로 이런 말을 한다.

"당신의 말도 일리가 있습니다. 그렇지만 나의 관점은 다릅니다."

"당신의 방식도 좋은 것 같습니다. 하지만 나의 해결책이 성공확률이 더 높다고 생각합니다."

"이전의 성공사례와 데이터가 나의 의견을 뒷받침합니다."

당신이 누구와 대화하든 먼저 상대방의 말을 충분히 들어라. 상대방의 논리, 주장, 숨은 의도를 파악할 때까지 최대한 귀를 기울여 들어야 한다. 설사 당신이 상대방과 완전히 다른 의견을 가지고 있더라도 처음부터 노골적으로 반대 의견을 말하지 말고, 상대방의 주장을 이해하려고 노력하는 모습을 보이는 것이 좋다. 그리고 그 주장에 관심을 가지고 질문해라. 질문은 상대방에 대한 가장 호의적인 태도이므로, 질문이 많을수록 좋다.

상대방의 주장을 귀 기울여 듣고 질문도 충분히 했다면, 이제 본격적으로 당신의 발언을 시작하라. 상대방은 당신의 성실한 경청과 적극적인 질문에 어느 정도 호의적인 상태에 있을 것이므로 당신의 발언에 귀를 기울일 확률이 높다. 다만 발언할 때도 여전히 주장이 아닌 '설득하는 모드를 유지해야만' 주장을 관철시킬 확률이 높아진다. "이 해결책이 당신의 문제를 해결해줄 것입니다"라고 말하면서 그 근거를 가지고 상대방을 설득해나가야 한다. "제가 생각해낸 방법이 최선이라고 생각합니다"라고 근거 없이 당신의 주장만 강요해서는 안 된다.

∴ 질문자의 시각에서 답을 찾아야 한다

나는 신입사원 채용 면접을 할 때 진부하지만 이런 질문을 하곤 했다.

"우리회사에 지원한 이유가 무엇인가요?"

내가 이런 질문을 하는 이유는 지원자가 회사의 입장에서 생각하는 능력이 있는지를 보기 위해서다. 이 질문에는 보통 2가지 유형의 답변이 나온다. 하나는 "이 회사가 급여도 많고 복지제도도 좋다고 들었습니다"라는 유형의 답변이다. 솔직한 마음일지는 모르지만 회사 입장에서 듣고 싶은 답변은 아니다. 지원자 자신의 입장만 생각하는 이런 답변을 들으면 다음 질문을 하기 싫어진다.

다른 하나는 "제가 공부한 소프트웨어 기술이 회사의 핵심 사업에 공헌할 수 있다고 생각하기 때문입니다"라는 유형의 답변이다. 이렇게 답변하는 지원자는 질문자의 의도를 읽어내는 능력을 가지고 있다. 지원자 자신의 입장이 아닌 회사의 입장에서 말하고 있다.

당연히 첫 번째 유형처럼 질문자 입장에서 생각할 줄 모르는 지원자는 면접에서 떨어진다.

내가 엘리베이터회사에서 영업 분야 경력사원을 채용할 때의 일이다. 당시 나는 대형 가전회사에서 판촉을 담당했다는 한 지원자에게 "우리 회사 제품 분야에 대한 판촉경험이 없는데 입사를 희망하는 이유가 무엇인가요?"라고 질문했는데, 그는 이렇게 답변했다.

"다양한 제품의 판촉경험이 저의 경력개발에 도움이 된다고 생각하기 때문입니다."

솔직한 생각이겠지만 회사 입장에서는 별 가치가 없는 답변이다. 회사 입장에서는 지원자 개인의 경력개발 계획에는 관심이 없다. 지원자가 회사의 영업실적 향상에 기여할 수 있는지 없는지만을 알고 싶을 뿐이다. 만일 그 지원자가 이렇게 답변했다면 면접관의 관심을 끌었을 것이다.

"제품 분야는 다르지만 제가 시행한 판촉 프로그램을 이 회사의 마케팅에 적용할 수 있다고 생각합니다. 저의 역량도 확대될 것이고 동시에 회사의 매출신장에도 기여할 것으로 봅니다."

비즈니스 세계에는 항상 '상대방'이 있다. 상품은 소비자의 관점에서 만들어야 하고, 보고서는 당신의 관점보다 회사의 관점에서 작성해야 한다. 만일 당신이 입사 면접을 본다면 질문자의 시각에서 질문에 대한 답을 찾아야 한다. 상대방의 입장과 시각으로 세상을 볼 줄 모르는 사람은 전문가가 될 수 없다.

02
천재적 아이디어는
다양성의 생태계에서 나온다

사람들은 비슷한 생각과 경험을 가진 사람들이 모여야 시너지가 난다고 생각하는 경향이 있다. 비슷한 지식, 경험, 가치관, 문화적 배경은 조직을 하나로 묶어주고 일을 추진하는 데 도움이 된다고 믿는 것이다. 과거에는 조직에서 발생하는 현상이나 문제가 단순했고, 혁신이나 창의성보다는 일치된 단결을 더 중시했기 때문에 옳은 생각이었을지 모른다. 하지만 조직 내에 동질적인 사람들만 모여 있으면 자연스럽게 외부와는 단절되고 조직은 폐쇄적으로 변하게 된다.

마음이 맞는 사람들과 일을 한다면 편할지는 모르지만 '자극'이 없다. 자극은 나와 다른 배경과 성격을 가진 사람들과 섞여있을 때 나오기 때문이다. 나의 발언과 생각이 도전 받을 수 있다고 생각할 때 다른 방식으로 생각하는 훈련을 하게 된다. 문제를 본질적으로 다시 보게 만들고 창의성 경쟁에 불을 붙이기도 한다. 누군가 다른 생각과 경험을 가진 사람이 있다는 사실만으로 회의는 생산적이고 창의적으로 흐르게 된다. 이것이 창의성이 생기는 프로세스다.

누구나 천재가 될 수는 없지만, 누구나 천재적인 아이디어는 낼 수 있다. 천재적인 아이디어는 다양성의 생태계에서 나온다. 즉, 다름이 인정되고 다양성이 넘치는 조직에서만 창의성과 혁신성이 꽃을 피울 수 있다. 다양한 배경을 가진 사람들이 모이면 자연스럽게 서로 다른 시각으로 문제를 인식하고 기존과는 다른 질문들이 나온다. 이런 사람들이 조직 내에서 상호작용을 하고, 그들의 생각과 배경이 공유되면서 창의적이고 혁신적인 아이디어가 생산되는 것이다.

∴ 왜 실리콘밸리에는 글로벌 인재들이 모여들까?

"나는 2009년부터 미국 실리콘밸리에 와서 살고 있다. 외국 출신자들이 큰 성공을 거두고 혁신을 주도하는 경쟁력이 궁금했다. 실제로 이곳 기업의 52%는 비(非)미국계가 세웠다. 구글, 마이크로소프트(MS), 어도비(Adobe)의 최고경영자(CEO)는 지금도 인도 출신이 맡고 있고, 세계 최대 전기차 기업인 테슬라의 일론 머스크는 남아프리카 공화국에서 태어났다. 실리콘밸리가 세계적 경쟁력을 갖게 된 원천은 '다양성'과 '문화'라는 것을 파악하게 되었다. 실리콘밸리는 세계 각지에서 온, 잘 교육받은 사람들로 구성된 용광로다. 사람들을 기술과 능력이라는 기준으로만 판단하고, 토론과 이견(異見)을 환영하며, 정보를 스스럼없이 공유한다. 실리콘밸리는 '경쟁'과 '협력'이 맞물려 돌아가는 거대한 사회적 연결망인 것이다."

카네기 멜론대의 비벡 와드와 교수가 한 기고문에서 밝힌 의견이다.(《조선일보》 2018.6.7 기고문 참조) 그는 실리콘밸리의 경쟁력이 다양한 인력들의 '지식의 공유(Knowledge Sharing)'에 있다고 진단한다. 실리콘밸리에서 세계적인 혁신이 이어지는 이유는 그들이 유지하고 있는 '다양성의 생태계' 때문이라는 것이다. 그의 주장처럼 실리콘밸리는 개방적인 조직 운용과 다양성 추구 정책을 통해 전 세계의 인재들을 끌어 모으고 있다. 국적, 성별, 출신을 가리지 않고 전문성을 인정하는 문화는 지속적인 혁신의 동력이 되고 있다.

실리콘밸리뿐만 아니라 세계의 많은 혁신기업들 역시 다양한 인종과 국가 출신의 인력을 보유하고 있다. 여성 인력을 적극적으로 채용하고 승진기회를 대폭적으로 제공하고 있으며, 다양한 산업과 경쟁사 출신의 경험 많은 전문가와 기술자를 채용한다.

세계적인 글로벌 기업들은 그들의 다양성 지수를 발표하고 적극적으로 홍보하기도 한다. 다양성의 추구가 기업의 명성을 높이고 세계적인 인재를 유인하는 요인이 된다고 보기 때문에, 그들의 기업 안에서 다양한 국가 출신의 인재들이 함께 일하고 있고, 여성들이 성공하고 있다는 사실을 적극적으로 알리고 있는 것이다. 다양성의 의도적인 확대가 그들의 핵심 가치가 되어가고 있는 것이다.

IBM의 전 CEO인 사무엘 팔미사노는 '다양한 인재로부터 최대한의 잠재력을 이끌어내는 것은 경쟁우위의 기본이자 사업의 최우선순위'라고 하면서 다양성 관리의 중요성을 강조하기도 했다. 또 유럽연합집행위원회(European Commission)에서 유럽의 200개 글로벌 기업을 대상으로 조사한 결과에 의하면, 조사대상 기업의 70% 이상이 기업의 다양성을 추구한 이후에 기업의 명성이 높아졌다고 답했다.

실리콘밸리의 기업 간에는 항상 심한 인재이동이 벌어지지만, 그들은 그것을 인재의 '유출'이 아닌 인재의 '교류' 내지는 '이동'이라고 본다. 오히려 그것이 실리콘밸리의 생태계 전체를 건강하게 만드는 강점이 된다고 생각한다. 그들은 전 세계의 우수한 인재를 끌어 모으는 데 있어서 인재유출을 막기 위한 소극적인 접근을 하지 않는다.

∴ 당신의 다양성 수준은?

많은 전문가들이 애플의 혁신성은 '인문학적 통찰'에서 나왔다고 말한다. 애플뿐만 아니라 혁신적인 기업의 경영자와 엔지니어들은 모두 높은 수준의 교양과 디자인 감각을 갖추고 있다. 이것은 혁신적인 제품이 고급 지식과 기술만으로 나올 수 없다는 사실을 입증해준다. 이제는 기술, 인문, 예술이 결합된 제품이 시장에서 가치를 인정받고 고객의 선택을 받는 시대가 되었다.

한 통계에 의하면 미국 IT 기업 창업자의 37%만이 공학이나 컴퓨터 관련 전공자라고 한다. 나머지 창업자들은 경영, 회계, 인문, 예술 등을 전공한 사람들이었다. 컴퓨터나 공학을 전공하지 않은 창업자는 IT 기업을 창업하면서 자신의 교양과 지식을 IT 기술에 접목하려 할 것이다. 시장을 연구하고 고객의 니즈를 파악하면서 기술과 인문을 제품에 적절히 연결할 방법을 찾아낼 것이 분명하다. 바로 이러한 다양성의 연결이 보다 혁신적이고 창의적인 제품의 탄생을 가능하게 한다.

다양한 지식의 융합만이 창의성으로 나타나는 것은 아니다. 다양한 경험도 창의성을 높여준다. 다양한 경험을 했다는 것은 '개인의 다양성 수준이 높다'는 사실을 의미한다. 한 회사에서 20년 동안 같은 부서, 같은 상사 밑에서, 같은 방식으로만 일해 온 사람이 있다고 해보자. 개인의 역량에 따라 차이가 있을 수는 있지만, 이런 사람은 상대적으로 다양성과 창의성의 수준이 제한적일 가능성이 많다. 창의성은 다양한 환경에서 다양한 사람들과 상호작용을 하는 과정에서 향상된다. 경험의 한계가 창의성의 한계를 가져온다.

경험에는 2가지 유형이 있다. 첫째, 내가 직접 새로운 방법을 시도해보는 것이다. 새로운 시도를 통해서 성공을 하거나 실패를 할 때 우리는 창의성을 학습하게 된다. 둘째, 다른 사람과 경험을 서로 공유하는 것이다. 경험의 공유는 서로에게 생각을 확장시킬 수 있는 기회를 준다. 생각의 확장은 창의성을 확장시킨다. 우리가 다른 경험, 지식, 의견을 가진 사람과 많이 만나야 하는 이유다. 같은 경험, 지식, 의견을 가진 사람과는 서로 공유할 것이 없지 않은가?

당신의 다양성 수준은 어떠한가? 다양한 지식과 경험을 충분히 보유하고 있는가? 미국의 다양성 문제 전문가인 루스벨트 토머스는 그의 저서 《다양성을 추구하는 조직이 강하다》에서 개인의 다양성 수준이 성과에 큰 영향을 미친다고 강조한다. 그는 다음과 같은 질문을 던져보면 개인의 다양성 수준을 간접적으로 체크할 수 있다고 한다.

- 업무처리 방법에 대해 논의하는 것을 시간낭비라고 생각하지 않는다.
- 누군가가 "나에게 당신보다 더 좋은 생각이 있습니다"라고 할 때 부정적으로 반응하지 않는다.

- 다른 사람이 내가 좋아하지 않는 스타일의 옷을 입거나 치장을 했을 때도 불쾌감을 느끼지 않는다.
- 변화에 대해 불편함을 느끼지 않는다.

위의 질문에 모두 'Yes'라고 답한다면 당신의 다양성 수준은 매우 높은 것이다. 반면에 하나라도 'NO'가 있다면 당신의 다양성 수준은 아직 낮은 단계에 있는 것이다. 그렇다면 적극적으로 지식과 경험의 다양성을 확장해나가는 노력을 기울여야 한다.

03
어디에든 다양성을 거부하는
훼방꾼이 있다

다양한 출신, 성별, 국적을 가진 사람들과 일하다보면 불편한 점이 많다. 없던 갈등이 생기기도 하고, 일이 매끄럽지 않게 진행된다고 느끼기도 한다. 다른 회사에서 온 경력직원이 보이지 않는 텃새를 느낄 수도 있고, 여직원이 팀장이 되면 남성 직원들이 여성 팀장의 리더십 스타일에 부정적인 말을 하고 다니기도 한다. 또 외국인이 리더로 오면 생각하는 방식과 일하는 방식의 근본적인 차이로 인해 외국인 리더 본인은 물론 소속 팀원들도 힘들어 할 수 있다.

물론 조직의 성향에 따라 이런 불편함에는 차이가 있을 수 있다. 예를 들어 개방적인 사람이 많은 조직에서는 다양성을 쉽게 받아들일 것이다. '다름'을 당연하게 생각하고, 극복해야 할 상황으로 생각한다. 이런 조직에서는 다양한 사람들이 모여 있으면서도 창의적으로 일하고 성과도 낸다.

반면에 폐쇄적인 사람이 많은 조직은 다양성의 부정적인 면만을 부각시킨다. 전통과 관행을 강조하면서 새로운 생각과 행동을 받아들이려고 하지 않는다. 기존의 생각과 방식을 바꾸려고 하면 단합을 깨는 행위로 간주하고 비난하기도 한다. 이처럼 다양성이 존중되지 않는 폐쇄적인 조직에서는 유능하고 창의적인 사람이 일하기 힘들어 하며 결국 조직을 떠나기도 한다.

∴ 한국 기업들의 다양성 수준은?

조직의 개방성과 다양성은 3가지 측면에서 판단할 수 있다. 바로 여성, 경력사원, 외국인을 얼마나 개방적으로 채용하고 활용하느냐이다.

한국 기업들의 경우 아직까지 다양성 수준이 매우 낮은 수치를 보이고 있다. 먼저 여성 리더의 활용수준을 보자. 영국의 시사주간지 〈이코노미스트〉의 2016년 〈여성 관리직 비율의 국제비교 보고서〉에 의하면 한국의 여성 관리직 비율은 10.5%이다. 미국 43.5%, 스웨덴 39.8%, 영국 35.4%에 비해 매우 낮은 수치다. OECD 29개 국가를 대상으로 조사한 '유리천장지수'를 보면 더 심각한 차이를 보인다. 100점 만점에 스웨덴이 80이 넘었고 OECD 평균이 60인데 비해, 한국은 최하위인 20을 조금 넘는 점수를 받았다. 참고로 '유리천장(glasses ceiling)'이란 실력이 있는 데도 불구하고 여성이라는 이유로 조직 내 높은 지위로 올라가지 못하게 하는, 보이지 않는 장벽(Invisible barrier)을 말한다.

또한 한국 기업은 여전히 경력사원보다는 신입사원 위주로 채용하고 있다. 한국경영자총협회에서 100인 이상 기업을 대상으로 신입·

경력직 채용비율을 조사한 결과에 의하면 신입사원 채용이 70.7%, 경력사원 채용이 29.3%였다고 한다. 신입사원 위주의 채용관행은 좋은 점도 있지만, 잘못하면 조직을 폐쇄적으로 만들 위험도 있다. 외부에서 다양한 경험과 지식을 가진 경력자를 지속적으로 영입하지 못하기 때문이다.

외국인의 활용수준도 다르지 않다. 한국 기업에서 외국의 고급 인력을 활용하는 사례는 극소수에 불과하다. 2017년을 기준으로 국내 체류 외국인 근로자 수가 200만 명을 넘어섰지만, 대부분 단순노무직과 생산직에 근무하고 있다. 외국의 고급 인력에 대한 별도의 통계는 없지만, 외국계 기업들의 임원 정도를 제외하고는 국내 기업에서 외국인 임원이나 고급 기술자를 만나기가 어렵다는 사실로도 현실을 알 수 있다. 국내 한 자동차회사에서 외국계 임원을 한두 명 고용했다는 사실이 주요 뉴스로 나올 정도다.

∴ 다른 사람, 다른 시각이 불편한 사람들

"한국인과 미국인이 앉은 테이블에 유리잔을 하나 갖다 놓는다. 그러면 두 사람 모두 잔을 쳐다본다. 그런데 빈 잔을 보면서 하는 생각은 전혀 다르다. 미국인은 잔을 보고 '조만간 누가 와서 시원한 물을 따라주겠지'라고 생각한다. 하지만 한국인은 잔을 보고 '얼른 물을 따라서 공손하게 윗사람에게 드려야지'라고 생각한다."

미국인 프랭크 에이랜스가 그의 저서 《현대자동차 푸상무 이야기》에서 한 말이다. 그는 〈워싱턴포스트〉 경제부 기자 출신으로 2010년부터 3년간 현대자동차 글로벌 홍보담당 상무로 일했다. 그는 한국에서 일하면서 장시간 근무, 치열한 경쟁, 일사불란한 질서, 회식문화 같은 문화에 적응하기 어려웠다고 이야기한다. 사실 그의 경험이 특별하지는 않다. 한국에서 근무하는 외국인이 대부분 비슷한 경험을 하기 때문이다. 나와 함께 일한 외국인 임원, 대표들도 비슷한 경험을 했다고 말하곤 했다.

우수한 외국인 인력은 기업의 성과에 도움을 줄 수 있다. 다른 국가에 진출해서 시장을 확대하려면 그 나라의 법규, 문화, 관행을 잘 이해해서 현지 시장의 트렌드와 경향을 철저히 파악해야 한다. 이럴 때 해당 지역 출신의 외국인 인력을 확보하고 있다면 우리가 볼 수 없는 위험과 기회를 발견해내는 중요한 역할을 할 수 있다. 비즈니스의 글로벌화가 진행될수록 다양한 문화권 출신의 인력이 더 필요한 이유다.

외국인뿐만 아니라 경력사원들도 새로운 조직에서 비슷한 문화차이를 경험한다. 특히 폐쇄적이고 권위적인 조직에서는 외부인에 대한 보이지 않는 텃새가 있어서 의욕적으로 입사한 경력직원들이 결국 적응하지 못하고 수개월 내에 퇴사하게 만드는 빌미가 되기도 한다.

나도 여러 번의 이직을 했지만 다행히 이직한 회사들이 대부분 개방적인 문화를 가지고 있어서 텃새 같은 것을 크게 느끼지는 못했다. 내가 여러 번의 이직을 통해서 경력을 쌓을 수 있었던 것 역시 운 좋게도 개방적인 상사와 동료들을 만난 덕분이었다. 물론 아무리 개방적인 사람들이 모여 있는 조직이라도 적응하기가 쉽지만은 않다. 대놓고 텃새를 부리는 사람은 없지만, 새로 들어온 사람에 대한 보이지 않는 경계심이나 불편한 시선은 어디든 존재하기 때문이다.

다양한 배경을 가진 사람과 일하면서 성과의 시너지를 만들어내야 한다. 그들은 다른 산업 출신일 수도 있고, 경쟁사 출신일 수도 있고, 당신이 현재 일하고 있는 회사보다 작은 회사 출신일 수도 있다. 출신이 어떻게 다르든 그들은 당신과는 다른 시각에서 당신이 모르는 시장의 위험요소를 알려줄 수 있고, 새로운 시장에 대한 기회도 제공할 수 있다. 새로운 시장과 사업의 기회는 동질의 사람들이 모여서 밤새 토론한다고 발견되는 것이 아니며, 다른 시각을 가진 사람들이 함께 의견을 공유하는 과정에서 발견되는 경우가 많기 때문이다.

∴ 군대도 아닌데 기수라니!

우리나라에는 '기수 문화'라는 것이 있다. 학교나 군대에서 기수를 따지기도 하고, 고시 출신 관료들은 후배 기수가 상사가 되면 옷을 벗기도 한다. 이처럼 서열을 중시하는 한국의 독특한 기수 문화가 외국에 소개가 될 정도다.

기수 문화는 일부 기업에도 있다. 큰 기업들은 보통 1년에 몇 차례 대규모 공채를 통해서 직원을 채용하는데, 이렇게 채용된 직원들은 동일한 조직문화와 일하는 방식을 배우게 된다. 이러한 채용방식은 팀워크에 긍정적인 효과를 주기도 하지만, 부정적인 조직문화를 만드는 폐해를 낳기도 한다. 입사시기와 기수를 강조하는 문화가 자연스럽게 나이를 중시하는 문화를 만들거나, 기수를 중심으로 보이지 않는 서열이 만들어지기도 하기 때문이다.

잘못된 '기수 문화'는 '순혈주의' 문화를 형성하기도 한다. 순혈주의는 다른 지역, 다른 학교, 다른 회사 출신을 폐쇄적으로 대하는 태도를 말한다. 출신에 따라 직원들이 주류와 비주류로 구분되기도 한다. 순혈주의 문화는 눈에 보이지 않게 비공식적으로 형성된다는 문제도 있다.

위와 같은 기수 문화와 순혈주의는 결국 조직의 다양성을 방해한다. 조직 내에 이런 문화가 형성되면 일을 하는 데 있어서 다양한 생각과 접근방법들이 존중받지 못한다. 다양성은 창의성과 혁신의 원천이다. 조직이 다양성을 추구하려면 기수나 서열 등을 중시하는 사고방식에서 벗어나 개방적으로 인재들을 받아들여야 한다.

∴ 단지 여성이라는 이유로?

한국에서 여성의 취업률은 몰라보게 증가했다. 대기업과 금융기관 공채에서 여성 합격자의 비중도 갈수록 높아지고 있다. 각종 고급 자격시험, 사관학교, 국가고시에서 여성이 성적 상위권을 휩쓸었다는 것은 더 이상 뉴스거리도 아니다. 이러한 현상만을 보면, '이렇게 여성의 사회 진출이 늘어났는데 무슨 유리천장이 있다는 거야?'라는 의문이 들 수 있다. 문제는 취업 이후다. 유리천장은 조직에 들어온 이후에 나타나는 경우가 많다. 주변을 보면 쉽게 알 수 있다. 여성이 과장까지 승진하는 경우는 많은 편이지만, 팀장이나 임원이 되는 비율은 남성에 비해 현저히 떨어진다.

내가 예전에 일하던 회사 재경부문에는 여성 임원인 B 상무가 있었다. B 상무는 나보다 몇 년 앞서 부장으로 입사했다가 임원으로 승진했다. 나보다 한두 살 적었던 B 상무는 입사하기 전에 다른 외국계 기업에서 오랜 기간 회계매니저를 담당했다. 업무상 인사와 회계는 연관성이 많아서 나는 B 상무와 여러 이슈에 대해 논의하고 토론하는 자리가 많았다. 그런데 어느 날 B 상무가 회의를 마치고 점심식사를 같이 하자고 제의했다. B 상무는 식사를 하며 이런저런 이야기를 나누다가 자신의 육아문제에 대해 털어놓았다. 맞벌이를 하면서 초등학교 다니는 아이를 키우기가 너무 힘겹다는 이야기였다. 그녀는 여느 맞벌이 가정과 다를 바 없이 아침에 아들이 등교할 때마다 전쟁을 치르고 있었다. 회계책임자라는 직책상 야근이 잦아서 아이와 남편한테 항상 미안한 마음이 크다고 했다. 아들이 유치원에 다녔을 때는 너무 힘들어서 회사를 그만둘 결심을 수도 없이 했었다고 한다.

나는 B 상무와 함께 일하면서 어떤 편견이나 고정관념도 생긴 적이 없었다. 오히려 가정과 일을 동시에 훌륭히 해내는 열정적인 전문가로만 보였다. 그녀는 뛰어난 회계전문가로서 회계와 관련된 문제에 있어서 늘 전문적이고 신뢰가 가는 해법을 제시하곤 했다. 당연히 영어도 잘했고, 외국계 기업이기는 하지만 여전히 남성이 훨씬 많은 조직에서 인정받으며 자신의 역할을 훌륭히 해내고 있었다. 하지만 이런 B 상무의 경우는 몇 안 되는, 여성으로서 성공한 사례일 뿐이다.

승진이 잘 안 되는 이유가 개인의 능력과 전문성 때문이라면 전혀 문제가 되지 않는다. 하지만 단지 '여성'이라는 이유 때문이라면 문제가 있는 것이다. 여성들은 열정적이지 않다거나 리더십에 한계가 있다는 생각 등이 그런 편견이다. 출산이나 육아로 인해 일을 소홀히 할 수 있다는 고정관념도 있다. 하지만 어떤 여성 직원이 열정이 없거나 리더십에 한계가 있다면 그것은 여성이기 때문이 아니라 개인적인 역량이 부족한 탓이다. 열정이 없고 리더십이 부족한 남성 직원도 얼마나 많은가.

　사람을 평가할 때는 전문성과 능력만을 기준으로 삼아야 한다. 그 이외에 성별 등 다른 요소가 개입되어서는 안 된다. 다양성에 대한 존중이란 그와 같은 요소를 이유로 부당한 차별을 하지 않는 것이다.

04
편견과 고정관념의
잣대를 버려라

우리는 여러 고정관념을 가지고 있다. 고정관념과 편견은 오랜 경험에 의해 만들어진 결과물이기는 하지만 틀리는 경우도 많다. 다양성을 부정적으로 인식하는 이유도 잘못된 고정관념 때문이다. 이런 고정관념은 깨야 하며, 개인에 대한 이해는 그 개인 고유의 특성과 행동을 기준으로 이루어져야 한다.

경력사원은 새로운 회사의 문화를 이해하지 못해서 적응하기 어려울 것이라는 고정관념이 있다. 나는 인사책임자로서 수많은 경력사원을 채용해 봤지만 그들에게서 기존 직원보다 적응력이 떨어진다는 인상을 받아본 적이 없다. 오히려 한두 달 만에 새로운 회사의 문화를 완전히 이해하고 성과를 내는 우수한 직원들도 많았다. 물론 새로운 문화에 적응하지 못하고 갈등을 겪는 직원도 있었지만, 그것은 지극히 개인의 성향 탓이었다.

여성 리더들은 리더십이 떨어져서 성과를 내기 어렵다는 편견을 가진 사람도 있다. 내가 근무했던 엘리베이터회사에는 2~3명의 여성 고위 임원이 있었는데, 그들은 모두 육아를 하면서도 그들만의 리더십을 발휘하여 조직을 훌륭하게 이끌었다. 오히려 남성 임원보다 더 강력한 카리스마를 발휘하며 높은 성과를 내는 경우도 많다.

외국인 직원들의 근무방식에 대한 고정관념도 있다. 대표적으로 외국인들은 남은 일이 있더라도 정시에 퇴근할 것이라는 생각이 그렇다. 확실히 그들은 철저히 워라밸을 추구하기 때문에 정시에 퇴근하는 경향이 강하다. 하지만 내가 만난 대부분의 외국인 임원들은 항상 노트북을 들고 집으로 간다. 휴가 때도 노트북은 항상 지니고 다니고, 이메일을 이용해서 계속 일을 한다. 사무실을 떠날 뿐이지 일을 손에서 놓는 것은 아니다.

∴ 주관적인 선호로 사람을 판단하지 마라

'경리팀의 최 부장님은 너무 융통성이 없어서 싫다.'

'마케팅팀의 이 대리는 너무 자기밖에 모른다. 다른 부서와 어울리는 것을 못 봤다. 퇴근 후에도 직원들과 어울리지 않고 대학원에 다닌다고 하더라.'

'영업본부장님은 어떻게 임원이 되었는지 모르겠다. 실적은 좋은지 몰라도 직원들을 너무 못살게 군다.'

위의 사례들처럼 지나치게 자신의 선호와 가치관으로 사람을 평가하길 좋아하는 사람이 있다. 자신의 성향에 맞지 않으면 같이 말하기를 싫어하고, 주변에 안 좋은 소리를 하고 다니기도 한다. 자신이 좋아하지 않는 사람이 인정을 받으면 회사의 인사가 잘못되었다고 말한다. 누구는 팀장감이나 임원감이 못 된다는 식의 말을 하고 다닌다.

사람은 누구나 다른 사람들을 좋아하는 성향 또는 싫어하는 성향으로 구분하는 경향이 있다. 아침 출근길에 만나면 다가가서 말을 걸고 싶은 사람이 있는가 하면, 얼굴이라도 마주칠까 봐 피하는 사람도 있다. 이러한 선호도에 따른 구분은 개인의 자유영역으로서, 매우 자연스러운 현상이기도 하다. 하지만 이러한 개인적인 선호가 일에 개입되어서는 안 된다. 특히 개인적인 선호도를 기준으로 일과 관련하여 사람을 평가하면 개인적인 감정을 섞어서 일을 처리한다는 인상을 주게 되고, 그런 평가를 한 사람 자체가 가벼워 보일 수 있다. 한마디로 프로답지 않아 보인다.

직장에서 사람에 대한 평가는 '상사와 회사의 시각'으로 해야 한다. 당신의 시각에서는 이해가 안 되는 사람이 팀장이 되어 있을 수 있다. 당신이 보기에 실력도 없는 동료가 상사에게서 항상 신뢰를 받는 상황이 이해되지 않을 수도 있다. 하지만 당신이 우수하지 못하다고 생각하는 팀장도 회사 입장에서는 무엇인가 중요한 가치를 제공하고 있다고 봐야 한다. 상대방을 자신의 잣대로 평가하기 전에 상대방의 보이지 않는 요소를 발견해내려고 노력해야 한다.

끊임 없이 자신의 판단을 객관적으로 평가해보는 습관을 가져라. 특히 사람에 대해 평가하고 발언할 때는 주관적인 요소가 개입되지 않도록 신중해야 한다.

∴ 듣는 것은 의무이자 능력이다

'모모는 가만히 앉아서 따뜻한 관심을 갖고 온 마음으로 상대방의 이야기를 들었을 뿐이다. 그리고 그 사람을 커다랗고 까만 눈으로 말끄러미 바라보았을 뿐이다. 그러면 그 사람은 자신도 깜짝 놀랄 만큼 지혜로운 생각을 떠올리는 것이다.'

독일 소설가 미하엘 엔데의 동화소설 《모모》에 나오는 이야기다. 이 소설에는 '모모'라는 주인공 소녀가 나온다. 그 소녀는 남의 말을 귀 기울여 듣는 신비한 능력을 지녔다. 모모의 신비한 능력을 아는 사람들이 찾아와 자신의 문제를 털어놓으면 모모는 그에 대해 일절 조언이나 충고를 하지 않는다. 그냥 진지하게 듣기만 한다. 그런데도 사람들은 모모에게 이야기하면서 무엇인가를 스스로 깨닫고 돌아간다.

우리에게 모모가 가진 경청능력이 있다면 좋겠지만 대부분 그렇지 못하다. 오히려 반대로 '듣기'보다는 '말하기'를 먼저 한다. 사람들이 잘 들으려고 하지 않는 이유는 다음과 같은 생각 때문이다.

'들어봐야 뻔한 소리만 할거야.'

'아무리 주장을 해도 내 생각을 바꾸지는 못해.'

'나는 소신 있는 사람이야.'

당신이 설사 이런 생각을 하더라도 일단 상대방의 말을 들어야 한다. 다른 사람의 말을 들어주는 것은 당신의 자유가 아니고 당신의 '의무'라고 생각하라. 당신이 다른 사람의 주장을 수용하느냐 마느냐는 듣고 난 다음에 선택할 문제다. 특히 회사는 듣고 싶은 것만 가려서 듣는 곳이 아니다. 만나고 싶은 사람만 만나는 곳도 아니다. 오히려 듣기 싫은 말을 듣고, 만나기 싫은 사람을 만나서 문제를 해결해내는 것이 당신이 회사에서 해야 하는 역할이다. 편한 사람과 만나서 편한 말만 주고받고자 한다면 회사 생활을 하기 어렵다.

어떤 사람은 자기 말만 하는 것을 '소신 있다'라고 착각하기도 한다. 이런 사람은 소신 있는 사람이 아니라 '폐쇄적인 꼰대'일 뿐이다. 다른 사람에 대한 자신의 고정관념을 바꾸기를 거부하는 사람이다. 이런 사람들은 상대방이 가지고 있는 생각과 행동을 모두 예측하고 있다고 착각한다. 지극히 감정적이고 주관적인 판단에만 의존하는 사람들이 이런 착각 속에서 산다.

사람들은 저마다 자기 의견이 관철되기를 원한다. 하지만 그렇다고 내 주장을 먼저 강하게 드러내는 것은 도움이 되지 않는다. 먼저 상대방이 지칠 때까지 자신의 주장을 할 수 있도록 기회를 주는 것이 좋다. 설사 당신이 싫어하는 사람이 말도 안 되는 주장을 해도 참고 들어라. 다 듣고 나서 당신의 의견을 말하면 상대방도 당신의 말에 귀 기울일 수밖에 없을 것이다. 당신이 이미 상대방의 의견을 듣는 성의를 보였기 때문이다. 결국 당신과 상대방은 서로의 의견을 방해 없이 다 주고받게 되는 셈이다. 그렇게 되면 그 과정에서 분명히 새로운 사실이 발견되기도 하고, 공감하는 부분이 생기기도 한다.

∴ '다름'과 '차이'에 대한 적응력을 높여라

다양한 사람과 일하다보면 긴장감은 피할 수 없다. 이런 긴장감을 회피하지 말고 당연한 것으로 받아들여야 한다. 긴장감은 일을 집중적으로 하게 하는 순기능도 있다. 공식적인 관계에서 적당한 긴장은 일을 객관적으로 처리하게 해준다.

다양성을 회피하려고 애쓰지 마라. 다양성을 부정하면 불필요한 갈등이 생기고, 다양성 자체를 갈등상황으로 만들어버리기도 한다. 다양성에 대한 적응력이 떨어지는 사람들은 모든 문제를 다른 사람이나 환경의 탓으로 돌린다. '상사 때문에', '회사의 제도 때문에', '김 대리 때문에'만 연발해서는 핑계만 대는 적응력이 떨어지는 사람으로 인식될 수 있다.

리더들의 성향은 모두 다르다. 조직원들 역시 저마다의 개성이 다르고 일하는 방식도 일정하지 않다. 이런 상황에서 개인의 적응력은 매우 중요하다. 아무리 실력이 있어도 조직에서의 적응력이 떨어지면 성과를 내기 어렵다. 조직 적응력은 개인의 다양성 수준, 즉 개인이 다양한 환경에서 얼마나 잘 적응하느냐에 따라 결정된다.

다양한 사람과 갈등을 일으키지 않고 일을 잘하는 것은 탁월한 경쟁력이다. 이러한 능력은 상대방과 나의 차이점을 인정하는 데서 출발한다. 그 차이점이 윤리적이나 법률적 문제가 아니라면 인정하는 것이 좋다. 차이점을 인정하다보면 유사점도 발견하게 된다. 차이점을 좁히려고 애쓰지 말고 유사점을 강화하려고 노력하는 것이 좋다.

05
이직을 했으면
3개월 안에 정착해야 한다

나는 연말에 학교 동창들을 만나면 항상 이런 질문을 많이 받았다. "아직 그 회사 다니고 있어?" 이 질문에 '회사를 옮겼다'라고 하면 "능력 정말 좋다. 부럽다"라는 대답이 돌아온다. 그러면 나는 반대로 말한다. "난 너희들이 더 부러워. 능력 없으니까 여기저기 돌아다니는 거지."

나는 회사를 몇 차례 옮겨 다녔다. 전직은 언제나 힘들고 스트레스 받는 과정이다. 8년 넘게 일했던 카드회사에서 외국계 회사로 옮긴 첫 이직 때가 제일 힘들었다. 처음 일하는 외국계 기업은 매우 낯설었다. 일하는 방식은 매우 자유로워 보였지만 질서가 없는 것처럼 보이기도 했다. 직원들이 상사와 이야기하면서 별로 긴장하지 않는 것도 이상했다. 외국인들은 물론이고 한국 직원들도 일하는 방식과 프로세스가 달랐다. 새로운 문화에 적응하는 데 몇 개월이 걸렸다.

이후에도 전직을 여러 차례 하는 과정에서 운 좋게도 다양한 산업 분야의 세계적인 기업들을 거치게 되었다. 지금까지 거쳐온 로지스틱스, 제조, 호텔산업 분야에서의 경험들이 모두 흥미로웠지만, 배울 것이 많아 어려운 점도 있었다. 각기 다른 산업 분야의 주요 제품이나 서비스의 특성을 이해하고, 새로운 지식과 문화를 습득하고 적응하는 일이 쉽지만은 않았다. 특히 새로운 스타일의 보스와 경영진들과의 만남은 늘 긴장되는 일이었다.

나는 이직을 할 때마다 그 회사의 최고경영진들과 면접을 해야 했는데, 그들은 다양한 산업과 기업을 거친 내 경험을 높이 사는 듯했다. 몇 차례의 이직은 단점이 아닌 장점으로 작용했다. 그들은 나를 다양성과 변화를 추구하는 적극적인 사람으로 인식하기도 했다.(사실 일부는 맞고 일부는 틀리다.)

2017년에 취업포털 잡코리아에서 조사한 결과를 보면, 30~40대 직장인의 90% 이상이 이미 이직경험이 있다고 답했으며, 평균 이직 횟수는 3회였다. 또한 대한상공회의소에서 기업의 인사담당자를 대상으로 경력직 채용비율을 조사한 결과에 의하면, 대기업의 24.7%, 중소기업의 36.2%가 절반 이상을 경력직으로 채용하고 있다고 답했다.

이제 이직은 '할 것인가 말 것인가'의 문제가 아니다. '언제 어떻게 잘할 것인가'를 고민해야 하는 시대다. 성공적인 이직은 '성장의 기회'가 될 수 있다. 직장인으로서 다양한 환경에서 다양한 경험을 하는 것은 더 없이 좋은 일이다. 지식과 경험을 더 많이 축적할 수 있고, 문제 해결에 대한 통찰이 생기게 된다. 문제는 의욕적으로 단행한 이직이 실패로 끝나지 않도록 새로운 환경에서 잘 정착해야 한다는 것이다.

∴ 허니문 기간을 효과적으로 활용해야 한다

'허니문 기간(Honeymoon Period)'이라는 말이 있다. 미국 의회와 언론은 새 대통령이 취임하고 나서 약 100일 정도는 지나친 비판을 자제하는데, 바로 이러한 기간을 지칭하는 용어다. 정권 초기에는 업무 파악을 하고 정책을 준비하는 기간이 필요하므로 일정 기간 양해하고 협조하는 기간을 둔 것이다. 이 전통의 시작은 1933년 루스벨트 대통령 때로 거슬러 올라간다. 대공황기에 미국 경제를 살려야 하는 위치에 있었던 그는 취임 초기 100일 동안 의회와 협조하여 많은 경제위기 극복 법안을 통과시켰다. 취임 이후 100일 동안 통과된 여러 법안들은 미국의 경제위기를 극복하는 데 결정적인 기여를 하게 되었다.

기업에도 허니문 기간이 있다. 예를 들면 보통 이직 이후 3개월 정도의 기간이 허니문 기간에 해당한다. 이 기간 동안 상사와 동료들은 새로운 동료에게 매우 친절하게 대해주고, 여러 질문에도 자세하게 답해준다. 회사에서도 이 기간 동안은 새로운 조직원에게 엄청난 성과와 변화를 기대하지 않는다. 새로 들어온 회사의 문화와 제도에 대한 이해와 업무 파악을 위한 시간이라고 보기 때문이다.

따라서 새로 들어간 회사에서 잘 정착하기 위해서는 이런 허니문 기간을 효과적으로 활용해야 한다. 그런데 나의 경험에 따라 현실적으로 판단해보면 사실 3개월은 좀 길고 1개월 이내에 업무 파악을 끝내야 한다. 아무리 새로운 조직이라도 기본적인 정보와 상황을 파악하는 데는 많은 시간이 들지 않으므로 1개월이면 충분하다. 당신이 그 업무에 대한 기본적인 전문성을 확보하고 있다면 가능한 일이다. 이 허니문 기간을 줄이면 줄일수록 회사는 당신의 채용에 흡족해 할 것이다.

3개월 중에 1개월 동안 기본적인 업무 파악을 끝냈다면 남은 2개월에는 작은 성과를 보여줘야 한다. 작은 성과라 함은 성과의 양이 클 필요는 없다는 뜻이다. 새로운 회사와 상사는 당신에게 짧은 기간 안에 많은 양의 성과를 내주기를 기대하지는 않는다. 그들이 기대하는 것은 '성과의 질'이다. 성과의 질이란 새로운 시각으로 새로운 해결안을 만들어내는 것을 말한다. 조직에 '변화를 가져오는 성과'를 만들라는 뜻이다. 이는 불합리한 문서양식의 개선일 수도 있고, 새로운 시장 정보의 제공일 수도 있다. '나는 더 나은 다른 방식을 알고 있다. 이것이 회사에 도움이 될 것이다'라는 인식만 확실히 심어주면 된다.

∴ 새 직장에 발을 담갔으면 전 직장은 잊어라

예전 회사에서 회계팀에 경력으로 입사한 Y 과장은 7년 정도 국내 및 외국계 기업에서 일반회계와 원가회계 업무를 수행한 경험을 가지고 있었다. 사실 면접과정에서 그는 약간 가벼워 보이기도 하고 시니컬해 보이기도 했지만, 해당 자리의 공석이 너무 길었고 업무능력에는 의심이 가지 않았기 때문에 채용을 결정했던 것이다. 그런데 이후 수개월간 그를 지켜본 CFO가 내린 업무평가는 '보통'이었다. 나는 그가 가진 회계에 대한 지식과 업무처리 능력이 아주 우수할 정도는 아니지만, 그렇다고 문제가 될 정도는 아니라고 생각했기 때문에 왜 그런 평가가 나왔는지 의아했다.

그로부터 얼마 지나지 않아서 그와 함께 점심식사를 하게 되었다.

인사책임자로서 새로운 직원이 잘 적응하는지, 특별한 문제는 없는지를 간접적으로 파악하기 위한 자리였다. 그런데 식사를 마치고 차를 마시러 간 자리에서 Y 과장이 갑자기 회사에 대한 불만을 쏟아내기 시작했다. 그는 다양한 불평과 불만을 쏟아냈는데 내가 보기에는 모두 사소한 문제들이었다. "예전 회사는 노트북 속도가 빠른데 여기는 사양이 안 좋다", "회계 ERP를 안 좋을 걸 쓰고 있어서 수작업을 많이 해야 한다", "이전 회사는 정기적인 회의가 별로 없었는데 여기는 너무 비효율적인 회의가 많다", "인사팀에서 만들 수 있는 인건비 데이터를 왜 회계팀에 요청하는지 모르겠다. 전 회사에서는 모두 인사팀에서 하던 업무다" 등이었다. 나는 그 이야기들을 듣고 나서 그에게 실망감이 들기 시작했다.

경력사원이 전 직장에 대해 자주 언급하는 것은 가장 안 좋은 습관이다. 당신이 오늘 새로운 회사에 입사했다면 오늘부로 전 직장에 대해서는 언급하지 않아야 한다. 무심코 언급하는 순간 상대방은 '그러면 다시 그 회사로 가지, 왜 우리 회사에 들어온 거야?'라고 생각할 것이다. 그로 인해 직원들과 간극이 생기기 시작하고, 직원들이 당신을 곧 다시 떠날 사람으로 생각하면서 계속 이방인으로 대하게 될 것이다.

이직이 후회되어서 불현듯 전 직장과 비교하는 말이 나올 수도 있다. 과거가 더 나아 보일 때가 있게 마련이다. 미워했던 상사와 동료들이 그리워지기도 하고, 전 직장의 제도가 나쁘지 않았다는 사실을 뒤늦게 알게 되기도 한다. 하지만 그런 경우에도 전 직장에 대한 언급은 삼가야 한다. 이런 습관은 다른 회사에 가서도 습관이 되어 없어지지 않는다. 프로의 매너가 아니다.

8시간
•

∴ 질문하고 학습하는 모드를 유지하라

　새로 들어온 경력사원은 학습하는 학생 모드를 유지하는 것이 좋다. 아무리 전문성을 갖추고 있다 하더라도 처음에는 겸손하게 처신할 필요가 있다. 자신의 실력을 빨리 보여줘야 한다는 조급함을 가질 필요가 없다. 또한 새로운 환경과 상황에 대해 비판적으로만 말하는 행동은 조심해야 한다. 기존 직원들이 당신의 발언을 비판이 아니고 비난으로 생각할 수도 있고, 지나치게 부정적인 사람이라고 판단할 수도 있기 때문이다.

　비판하지 말고 질문을 하라. 새로운 조직에는 당신이 아직 모르고 있는 복잡한 상황과 역사가 많이 있을 수 있다. 보이지 않는 배경까지 이해하도록 해야 한다. 이를 위해서는 많은 질문이 필수다. 기초적인 상황을 파악하는 데만도 몇 주일은 필요할 것이다. 당신이 완벽하게 혼자 업무를 수행하게 될 때까지는 항상 질문으로 대화를 시작하라. 나중에 당신이 목소리를 낼 기회는 얼마든지 주어진다.

　사람들은 질문을 받거나 설명을 해달라고 하면 기분이 좋아지고 적극적으로 도와주고 싶어 한다. 선생님이 호기심을 가지고 더 많이 배우기 위해 질문하는 학생을 좋아하는 이치와 같다. 질문은 나의 지원군을 만드는 방법이기도 하다. 그들은 당신의 질문에 친절하게 답을 해주면서 이렇게 말할 것이다.

　"언제든지 궁금한 것이 있으면 또 물어보세요. 어려운 일이 있으면 도와드리도록 하겠습니다."

06
글로벌 기업 리더들의
사고방식은 어떻게 다를까?

나는 외국계 글로벌 기업에서 일하면서 다양한 스타일의 리더 및 직원들과 함께 일할 기회를 가질 수 있었다. 글로벌 기업에는 외국인 뿐만 아니라 한국인 리더들도 많은데, 국적에 관계없이 글로벌 기업에서 오랫동안 일하고 성장해온 리더들은 일하는 방식과 생각하는 방식에서 공통의 특성을 보이기도 한다. 물론 꼭 외국계 기업이 아니라도 같은 문화와 전통을 가진 기업에서 함께 일하는 사람들은 일이나 생각하는 방식에서 비슷한 성향을 띠는 경우가 많다. 같은 조직에서 일하면서 일에 대한 철학, 조직에 대한 이해, 사람을 평가하는 시각 등을 공통적으로 훈련받기 때문이다. 특히 리더의 사고와 행동방식은 소속된 조직의 문화와 시스템을 반영하며 비슷하게 닮아가는 경우가 많다.

외국계 기업에서 일하는 리더들의 사고나 행동방식은 국내 기업에서 일하는 리더들과 다른 점도 있고 같은 점도 있다. 그들의 방식을 무조건 따라하거나 배척할 이유는 없지만, 개인과 조직의 발전에 도움이 되는 측면이 있다면 개방적으로 벤치마킹할 필요는 있다. '다름'에 대해 적극적으로 이해하는 노력을 해야 글로벌 경쟁에서 그들을 극복할 수 있기 때문이다.

여기에서는 내가 글로벌 기업의 경영진 및 리더들과 일하면서 발견한 그들의 공통적인 사고방식과 행동방식을 소개하려고 한다.

∴ 휴가는 권리가 아니고 의무다

외국계 기업에서는 휴가는 권리가 아니고 의무라고 인식한다. 휴가는 모두 사용해야 할 뿐만 아니라, 몰아서 사용하기를 권장한다.

한 외국계 기업에서 근무할 때 외국인 임원 한 명이 한 달간 휴가를 갔다가 완전히 다른 모습으로 복귀한 적이 있다. 산사나이처럼 수염이 덥수룩하고 얼굴이 새까맣게 그을린 채 나타났다. 내가 궁금해서 이유를 물어보니, 히말라야 등반을 다녀와서 그렇게 되었다고 했다. 또 외국계 호텔에서 근무할 때는 평상시 주말도 반납할 정도로 바쁘게 일하는 독일인 총주방장이 2주간 말레이시아로 여름휴가를 가는 것을 보기도 있다. 그는 자신의 BMW 오토바이를 비행기에 싣고 말레이시아에 가서 오토바이 라이드를 즐겼다고 했다.

외국계 기업에서는 일반적으로 직원들에게 휴가를 몰아서 장기적으로 가기를 권장한다. 직원들의 장기 휴가를 적극적으로 권유하기 위해서 임원과 리더급 직원들이 솔선해서 장기 휴가를 가기도 한다. 특히 외국인 경영진들은 휴가를 2~3주 몰아서 가는 경우가 많다. 본국에 다녀올 시간이 필요해서일 때도 있지만, 본국에 가지 않더라도 기업 현지에서 장기 휴가를 보낸다.

오히려 휴가를 가지 않는 임원과 리더들은 눈치가 보이기도 한다. 휴가를 안 가는 것은 숨길 일이지 자랑할 일이 못 되기 때문이다. 휴가를 잘 가지 않는 리더는 조직을 비효율적으로 운용한다는 인식을 받기도 한다. 적절한 휴가와 휴식이 일을 더 효율적으로 하게 만든다고 생각하는 경향이 강하기 때문이다. 외국계 기업의 리더들은 직원들의 휴가를 통제할 필요성을 느끼지 않으며, '성과'만 잘 관리하면 된다고 생각한다.

∴ 의전 따위는 필요 없다

한 외국계 기업에서 근무할 당시 글로벌 본사의 승인을 받아 새로운 사장이 취임한 적이 있었다. 그런데 신임 사장이 출근하는 첫날에 로비에서 영접하는 사람은 아무도 없었다. 혼자 엘리베이터를 타고 올라온 신임 사장은 비서에게 간단히 인사하고 사무실로 들어갔다. 잠시 후 사장실 옆 회의실로 임원들이 모였고, 그 자리에서 30분 정도 간단히 차를 마시면서 인사를 주고받았다.

다음날 아침에 신임 사장과의 상견례를 위해 임원들과 본사 매니저급 이상 되는 60~70명의 사람들이 교육장에 모였는데, 이때도 교육장 안에 '사장 취임식'을 알리는 현수막 같은 것은 보이지 않았다. 교육장 앞쪽에 'Welcome'이라고 쓰인 슬라이드가 흐를 뿐이었다. 크지 않은 교육장에서 사람들은 삼삼오오 서서 커피를 마시면서 신임 사장이 들어오기를 기다렸다. 사장 자리나 임원 자리 등은 따로 확보되어 있지 않았다. 비서와 함께 교육장에 들어온 사장은 15분 정도 간단히 메시지를 전하고 나서 리더들과 일일이 악수를 나눴다. 취임식은 그렇게 30분 만에 조촐하게 끝났다.

위의 사례처럼 글로벌 기업에서는 의전 같은 형식을 별로 중시하지 않는다. 회의나 행사를 할 때 VIP석을 만드느라 바쁘게 움직이는 일도 별로 없다. 오히려 과도한 형식이나 의전을 불편해 하고 거북스러워 하는 경우가 많다.

∴ 전문성이 최고의 가치다

외국계 기업에서 일하는 리더들은 전문적인 경험의 축적을 중요하게 생각한다는 특징이 있다. 특히 전문영역은 유지하면서 다양한 환경에서 일해보기를 선호하다. 그런 경험들이 스스로의 시장가치와 전문성을 높여준다고 믿기 때문이다. 그래서 그들은 다른 국가에서 일할 기회가 생기는 조직 내 글로벌 잡 포스팅(내부 공모)을 주시하고 있다가 경력에 도움이 될 만한 자리가 나오면 적극적으로 지원한다.

반면에 자신의 전문영역에서 벗어나는 색다른 업무를 해보려는 생각은 별로 없다. 전문성에 손상이 생기지 않도록 가급적 한 분야에서 승부를 보려는 생각이 강하기 때문이다. 회사 역시 개인이 가진 전문 분야에서의 경험을 무시하고 다른 부서로 발령 내는 일이 거의 없다. 다른 부서로 발령을 내면 회사를 떠날 것이라는 사실을 알기 때문이다. 구체적인 업무는 입사할 때 근로계약서에 명확히 규정되며, 이렇게 규정된 업무범위에서 크게 벗어나는 일은 맡기지 않는다.

∴ 친절하다고 안심하지 마라

내가 외국계 호텔에 입사하기 위해 총지배인과 면접을 봤을 때의 경험이다. 면접을 보는 자리에서 처음 본 그의 인상은 매우 상냥하고 친절해 보였다. 실제로 그는 나를 면접하는 자리임에도 편안한 분위기를 만들어주었다. 면접이 끝나고 나서는 나를 델리 코너로 데리고 가더니 아내에게 가져다주라면서 케이크를 손에 쥐어주었다.

입사한 이후에도 그는 나를 친절하게 대우했다. 인사 분야에 관한 일이라면 나의 의견과 전문성을 항상 존중하려고 했다. 하지만 인사평가는 달랐다. 입사 첫해의 인사평가에서 나는 '우수'를 예상했지만 결과는 '보통'이었다. 그는 평가를 피드백하는 자리에서 내가 보완할 점을 조목조목 설명했다. 평소에는 관대했지만 평가만은 매우 엄격했다.

글로벌 회사에서 내가 상사와 평소에 농담을 주고받는다고 해서 높은 연봉인상이나 인센티브를 기대해서는 곤란하다. 평상시의 관계와 연말의 평가는 완전히 다른 문제다. 평가는 연초에 서로 서명한 구체적인 목표를 기반으로 이루어질 뿐 다른 요소는 별로 개입되지 않는다. 온정적인 평가를 기대하면 안 된다.

∴ 장황한 보고서는 버리고 의견을 말하라

글로벌 기업의 경영진들은 일반적으로 '의사결정의 속도가 빠르다'는 특징이 있다. 물론 글로벌 기업의 리더들이 모두 같지는 않겠지만, 내가 함께 일했던 상사들은 내가 아무리 복잡한 이슈를 가지고 질문을 해도 바로 결정을 해주는 경우가 많았다. 여러 임원들이 모여서 부서 간에 복잡하게 연결되어 있는 문제를 논의할 때도 회의시간은 30분을 넘지 않았다. 참석자들은 신속하고 구체적으로 발언해야 하며, 자신의 논리와 주장을 명확히 제시해야 한다. 사장은 모든 임원의 명확한 의견을 듣고 나서 대부분 그 자리에서 의사결정을 내린다. 장황한 보고서를 읽거나, 프레젠테이션을 길게 하거나, 보고서 수정을 지시하거나 하는 일은 많지 않다. 그들의 빠른 의사결정은 핵심만을 중시하는 사고방식이 있기 때문에 가능하다. 형식이 많으면 의사결정의 속도는 떨어질 수밖에 없다.

글로벌 기업의 일하는 방식에 있어서 또 하나의 특징은 '실행' 중심의 논의가 많다는 것이다. 대부분의 중요한 의사결정은 논의과정에서 이루어진다. 논의한 사안에 대한 의사결정이 이루어지면 바로 '행동'에 들어가는 경우가 많다. 다시 보고서를 작성하거나 결재를 받는 형식적인 절차는 많지 않다. 그래서 글로벌 기업에서는 논의할 때 발언을 많이 하는 사람이 유능하다고 인정받는다. 전문성을 바탕으로 확실한 논리로 주장할 줄 아는 사람이 유능한 사람으로 인정받고 승진도 한다.

글로벌 기업의 토론 중심 문화는 직장 내 사용하는 언어표현에서도 그대로 드러난다. 예를 들어 그들은 우리가 흔히 사용하는 '지시하다', '명령하다'에 해당하는 'order'나 'direct'라는 표현은 거의 사용하지 않는다. 대신에 'discuss'라는 표현을 가장 많이 사용한다. 내가 함께 일했던 상사는 나에게 보내는 이메일을 항상 'Let's discuss…(논의합시다)' 또는 'I'd like to discuss…(논의하고 싶습니다)'로 시작했다. 그리고 회의가 끝나면 회의 때 지시한 사항을 확인하기 위해서 다시 'As discussed…(논의한 바와 같이)'라는 표현이 담긴 이메일을 보내기도 한다. 'As I ordered…(명령한 바와 같이)' 또는 'As I directed…(지시한 바와 같이)'라는 표현을 쓰는 경우는 없었다.

07
단합하지 말고
팀워크하라

2010년 8월, 칠레의 한 광산에서 붕괴사고가 일어났다. 이 사고로 33명의 광부 전원이 무너진 갱도에 갇히는 심각한 사태가 발생했다. 이때 광업부장관이었던 라우렌세 골보르네는 자신 앞에 놓인 이런 사태를 두고 '광부 33명 전원 구조'라는 도전적인 목표를 세웠다. 당시의 상황으로는 불가능해 보이는 목표였다. 골보르네 장관은 즉각 구조팀을 구성하면서 기존 구조요원은 물론 외국의 전문가들까지 끌어들였다. 팀을 꾸리는 데 있어서도 드릴로 구멍만 뚫는 팀, 구출방법과 전략을 수립하는 팀, 구조 후 생명을 유지시키는 팀, 갇힌 광부의 가족들을 관리하는 팀 등으로 역할을 구분하고 바로 구조작업에 들어갔다. 구조과정에서 예측 못한 변수가 발생하기도 하고 많은 시행착오를 겪기도 했지만 점차 사태가 수습되기 시작했다. 그리고 결국 지하 700미터에 갇힌 광부 33명을 69일 만에 전원 구조하는 기적 같은 실화를 만들어냈다.

칠레 광부 구출작전은 '팀워크'가 이루어낸 대표적인 성공사례다. 골보르네 장관은 개방적으로 팀을 구성하고 목표를 도전적으로 수립했으며, 각계 전문가들이 각자 맡은 바 역할에 집중할 수 있도록 지원했다.

기업에서도 이런 일들이 수시로 일어난다. 매일같이 이전에 겪어보지 못한 문제들이 발생하는데, 이런 복잡하고 예측 불가능한 문제들은 혼자 해결할 수 없는 것들이 많다. 기업에서 이런 문제들을 해결하고 만들어낸 결과물들은 모두 팀워크의 결과인 것이다.

∴ 단합과 팀워크는 완전히 다르다

누구나 한 번쯤 단합대회에 참석해본 경험이 있을 것이다. 단합이나 단결이라는 구호도 익숙할 것이다. 동창회, 향우회, 산악회 등의 활동이 끝나면 예외 없이 술자리가 이어지고, 그 자리에서 외치는 구호도 한결같다. '단합을 위하여!' 그런 모임에서는 '회원 여러분, 우리 회원들의 단합을 위하여…'로 시작되는 회장님 말씀도 빠지지 않는다. 직장에서도 전 직원 체육대회나 입사동기 모임 등에서 간혹 '단합'이라는 표현을 쓰곤 한다.

향우회, 동창회 같은 조직에서는 '단합'이라는 표현이 어울릴지 모른다. 그런 모임의 목적은 특정한 성과 달성이 아니라 동질적인 관계를 유지하는 데 있기 때문이다. 그래서 그런 모임에서는 능력과 전문성보다는 태도와 성향을, 다양성보다는 일치된 단결을 더 중요시한다.

과거에는 기업에도 단합이 필요한 시대가 있었다. 표준화를 통해 불량품 없는 제품을 대량으로 생산하는 시대에는 조직원들의 생각과 행동을 일치시키는 것이 효율적이었다. 회사는 제2의 가정이었고, 동료를 가족과 동일시했다. 그래서 회식을 자주 하지 않으면 팀워크가 엉망인 팀이라는 의심을 받기도 했다.

반면에 지금은 '단합'보다는 '팀워크'를 더 가치 있게 보는 시대다. 그런데도 여전히 단합을 팀워크와 혼동하는 인식이 있는데, 이 둘의 개념은 완전히 다르다. 팀워크는 팀원의 동질성이나 일사분란함만을 강조하지 않는다. 오히려 팀원의 다양성을 존중하고 적절한 갈등과 긴장감을 인정한다. 팀워크의 목적은 손에 잡히는 성과를 내는 것이므로 팀원들은 각자 자신의 전문적인 역할을 해내야 한다. 우수한 팀원은 팀의 결과에 공헌을 많이 하는 사람이고, 우수한 팀은 목표로 한 결과를 잘 내는 팀이다.

조직행동 전문가인 리처드 해크먼 교수는 〈하버드 비즈니스 리뷰〉에 기고한 글에서 팀을 평가하기 위한 3가지 요소를 제시한다. 첫째는 팀의 결과물, 둘째는 협업능력, 셋째는 개인의 발전 양상이다. 이 중에서 제일 중요한 요소가 '팀의 결과물'이다. 이것이 바로 팀 활동의 궁극적인 목적이기 때문이다.

좋은 팀은 다양한 사람들이 모여서 좋은 결과를 내는 팀이다. 팀원들의 의사결정과 활동은 팀의 핵심적인 목표에 집중되어야 한다. 팀의 핵심적인 목표는 잊혀지고 팀원들 간의 좋은 관계만 중시해서는 안 된다. '사이좋은 팀'이 좋은 팀은 아니다.

∴ 팀워크의 목적은 전문성의 시너지를 만드는 것이다

　나의 아들은 중학교 1학년 때 학교 오케스트라 단원이었다. 한 번은 연말에 부모님과 선생님들을 초청해서 연주회를 했는데, 프로 연주자들이 아닌 만큼 익숙한 곡들만 선곡했고 연주에서도 작은 실수들이 이어졌다. 하지만 학생들의 실수는 모두 양해가 되었고, 연주가 끝난 뒤에는 많은 박수를 받았다. 학생들의 연주회에서 뉴욕 필하모닉 오케스트라 수준의 연주를 기대한 사람은 아무도 없었을 테니 말이다.

　만일 프로 오케스트라 단원이 대규모 연주회에서 실수를 했다면 치명적인 결과를 낳았을 것이다. 한 명의 실수로 전체 오케스트라의 연주가 엉망이 되었을 것이기 때문이다. 일반 직장으로 치자면 오케스트라 단원들은 팀원이고, 지휘자는 팀의 리더다. 연주회의 결과는 모든 단원들의 전문적인 역할에 달려 있다. 한 명이라도 아마추어가 있다면 훌륭한 연주가 될 수 없다. 제1 바이올린의 아마추어 실력을 제2 바이올린이 도와줄 수는 없지 않은가?

　팀워크는 전문성을 가진 사람들이 모여서 일하는 것을 말한다. 팀원들은 모두 각자의 전문적인 역할을 해내야 한다. '어려울 때 도와주기', '부족한 것 메워주기', '실수를 이해하기' 같은 것들은 진정한 팀워크의 개념이 아니다. 팀워크는 팀원 각자가 전문성을 조화롭게 발휘함으로써 '전문성의 시너지를 만들어내는 것'을 목적으로 한다. '단합'이나 '협동'과는 근본적으로 다른 개념이다.

∴ 정보는 완전하게 공개되어야 한다

현재는 과거에 비해 팀워크를 둘러싼 환경이 급변하고 있다. 와튼 스쿨의 마틴 하스 교수는 〈하버드 비즈니스 리뷰〉에 기고한 글에서 다음과 같이 오늘날의 팀의 특징을 4가지로 요약하고, 이를 '4D 환경'이라고 불렀다.

- Diverse(다양성) : 팀원들이 다양한 국적, 성, 배경, 문화를 가진 사람들이다.
- Dispersed(분산) : 팀원들이 지역적으로 분산되어 있다.
- Digital(디지털) : 대면업무보다는 디지털을 이용한 업무가 많다.
- Dynamic(역동성) : 팀원들이 개방적이고 역동적이다.

그런데 위와 같이 팀의 다양성이 높아지고 원거리 근무가 많아지면서 정보 공유의 문제가 커지고 있다. 동질적이지 않은 사람끼리는 정보 공유를 꺼리는 경향이 있기도 하고, 원거리에서 이메일로 일을 하다보면 중요한 사항을 실시간으로 전달받기 어렵다는 문제도 생긴다. 이런 정보의 불균형은 팀원 간에 불화와 갈등을 불러일으키기도 한다.

팀의 리더가 정보를 독점하는 경우에는 더 큰 문제를 일으킨다. 폐쇄적인 리더는 정보를 쥐고 권력을 행사하려고 한다. 이런 리더들은 "그건 알아서 뭐 하려고? 당신은 당신 역할이나 하라고", "나도 이 일을 왜 하는지 몰라. 위에서 시키니까 하는 거야"라는 말을 자주 한다.

이런 말을 듣는 팀원은 동기부여가 되지 않는다. 팀의 목표나 진척상황이 공유되지 않으면 역량이 한 곳으로 집중되지 않고, 일의 우선순위에 혼란이 생긴다.

팀원들도 정보공개를 적극적으로 해야 한다. 일의 진척, 예상 리스크, 본인의 실수, 입수된 데이터 같은 정보들은 신속히 상사와 동료들에게 공개되어야 한다. 가장 최근의 정보를 공유하지 않으면, 상사나 동료가 잘못된 판단을 내릴 수 있고, 결국 팀의 성과에 악영향을 끼치게 된다.

회사에서 혼자 할 수 있는 일은 없다. 개인이 독보적인 전문성과 아이디어로 무장되어 있더라도 조화로운 팀워크 없이는 일을 완성할 수 없다. 다양성이 증가하는 상황에서는 팀워크 능력이 개인의 핵심 역량이 된다. 개인은 팀으로 일하면서 팀의 성과에 공헌을 해야 한다. 개인의 성과는 팀의 성과에 공헌할 때만 의미가 있다.

08

변화가 두려워
'불타는 플랫폼'에 머물 것인가?

1988년에 북해 유전의 한 시추선에서 큰 화재와 폭발이 일어났다. 228명의 사람들이 일하고 있던 거대한 구조물에서 최악의 사고가 발생한 것이다. 사고가 터지자 사람들은 모두 헬기장 아래 플랫폼으로 모여들었는데, 그곳은 불길이 너무 강해서 구조헬기가 올 수 없는 위치에 있었다. 30미터 아래에 기름으로 얼룩진 차가운 바다가 출렁이고 있는 그곳에서 사람들은 두 부류로 나뉘어 행동했다. 한 부류는 불타는 플랫폼에 계속 남기로 했고, 다른 부류는 위험을 무릅쓰고 바닷속으로 뛰어들었다. 그 결과, 플랫폼에 남았던 사람들은 모두 사망했고, 바닷속으로 뛰어든 사람들 중에서는 53명이 살아남았다.

'불타는 플랫폼'은 이런 실화를 바탕으로 생긴, '큰 위험을 무릅써야 하는 절체절명의 상황'에 대한 비유다. 변화를 할 것인가 말 것인가를 판단해야 하는 순간을 말한다.

'불타는 플랫폼'에서는 '위기와 기회가 공존'한다. 당신이 하는 일이 변화를 위한 것이라면 제일 먼저 변화의 대상들을 불러 모아라. 그리고 그들에게 위기감을 이식시켜서 현재 그들이 불타는 플랫폼에 서 있다는 사실을 각인시켜야 한다. 그러면 절반은 성공한 셈이다. 그다음에는 그들이 앞다퉈 변화의 바다에 뛰어들 것이다.

변화가 실패하는 이유는 '위기감이 공유되지 않아서'다. 변화를 추진하는 몇 사람만 위기를 느껴서는 변화가 일어나지 않는다. 회사가 몇 년째 적자인데 이 사실을 사장만 알고 있다면 어떨까? 사장이 아무리 변화를 부르짖어도 직원들은 위기의식이 공유되어 있지 않기 때문에 여전히 회사의 상황을 평화롭게 생각할 것이다.

∴ 변화에는 당연히 저항이 따른다

모든 살아 있는 것은 변화한다. 자연은 자연환경에 적응하며 변해간다. 인간의 진화도 지구의 환경변화에서 살아남기 위한 몸부림이었다. 변하지 않으면 생존할 수 없는 것이 자연의 이치다.

기업도 살아서 움직인다. 기업도 급변하는 환경에 적응하고 생존하기 위해서는 변할 수밖에 없다. 이런 변화에는 고통과 저항이 따르기 마련이다. 당연한 현상이다. 저항이 있다는 것은 그만큼 변화가 필요하다는 증거다. 저항은 관리하고 극복해야 하는 대상이지 회피할 대상이 아니다. 이와 같은 상황을 두고 IBM의 전 CEO 팔마사노는 다음과 같이 말했다.

"내가 새로운 변화의 바람을 불어넣으면서 가장 먼저 직면한 것은 직원들의 저항이었다. 변화를 지지하는 직원들도 많았으나, 인트라넷에는 직원들이 올린 수천 개의 비판이 게시되기도 했다. 그 양이 너무 많아 비판 글을 인쇄했더니 그 높이가 90센티나 되었다."(LG경제연구원 보고서(2017.8.31) 내용 중 발췌)

세계 최고 기업의 CEO만 변화에 대한 저항을 겪는 것은 아니다. 최고경영자만 기업의 변화를 추구하는 것도 아니다. 기업에 있는 모든 사람이 변화를 요구받으며, 동시에 크고 작은 저항에 직면한다. 결국 변화의 성공 여부는 저항을 어떻게 잘 관리하느냐에 달려 있다.

그렇다면 사람들이 변화에 저항하는 가장 큰 이유는 무엇일까? '실패'가 무섭기 때문이다. 변화는 지금까지와는 다른 방식을 취해 보는 것으로, 당연히 성공이 불확실하다. 공연히 안 하던 짓을 해서 실패한다면, 그에 따른 책임을 질지도 모른다는 생각이 들기도 한다. 그래서 변화를 시도하지 않는 사람은 실패를 극복할 방법을 찾지 않고, 실패할 수밖에 없는 이유를 먼저 찾는다.

'기득권을 잃을 수 있다'라는 생각이 저항의 또 다른 이유가 되기도 한다. 변화를 하면 누군가는 유리해지고 다른 누군가는 불리해지는 상황이 생길 수 있다. 예를 들어 오랫동안 연공주의 인사제도를 운용하던 회사에서 성과주의 인사제도를 도입하면 장기 근속한 직원들의 반대에 부딪칠 수 있다. 누군가가 만들어서 오랫동안 시행한 절차나 방식을 변경할 때도 저항에 부딪칠 수 있다. 변경의 필요성이 있음에도 불구하고 기존의 절차나 방식을 만든 사람이 '감히 내가 해놓은 것을 바꾼다고?'라는 생각으로 반대에 나설 수 있기 때문이다. 이런 저항 역시 기득권을 잃지 않으려는 생각에서 비롯된다.

변화를 강하게 추진하지 못하는 데는 '내가 주저하기 때문'이라는 이유도 있다. 나 자신으로부터의 저항도 만만치 않다. 변화를 대하는 태도를 바꿔야 당신의 이런 불안이 없어진다. 변화의 결과를 성공과 실패로 양분하지 마라. 변화를 성공과 실패로 평가하기 때문에 저항을 하고 주저하는 것이다.

∴ 참여를 통해 저항군을 우군으로 만들어라

예전 회사에서 내가 연공주의적인 인사제도를 성과 중심의 제도로 바꾸는 프로젝트의 팀장을 맡았을 때의 일이다. 조직문화를 근본적으로 변화시키는 일이다보니 당연히 많은 저항이 따랐다. 일부 임원들까지도 프로젝트 진행에 비협조적일 정도였다. 나는 저항을 극복하기 위해 많은 리더들을 의도적으로 프로젝트에 참여시켰다. 본부별로 목소리가 큰 20여 명의 팀장과 수퍼바이저들을 모두 포커스 그룹(Focus Group)의 멤버로 만들었다.

나는 처음부터 포커스 그룹에 참여시킨 리더 중 일부가 프로젝트에 반대한다는 사실을 알고 있었다. 하지만 포커스 그룹에 참여하면서 그들의 입장이 바뀌기 시작했다. 그들 중 대부분이 변화의 필요성을 이해하기 시작했고, 나중에는 바뀌는 제도의 긍정적인 측면을 직원들에게 설명하는 몫까지 맡아주었다. 변화에 대한 깊은 관여가 그들을 긍정적인 우군으로 만들어준 것이다. 그들은 직원들의 불만을 잠재우기도 하고 설득하기도 했으며, 프로젝트가 끝나고 변화된 제도가 연착륙하는 과정에서도 큰 역할을 해주었다.

다시 강조하지만 일은 혼자 하는 것이 아니다. 비록 당신이 그 일에 대한 오너십을 가지고 있더라도 일을 성사시키려면 다른 사람들을 참여시켜야 한다. 일을 잘한다는 것은 다른 사람의 협조를 잘 이끌어낸다는 것을 의미하기도 한다. 변화에 관련된 일이라면 더욱 그렇다. 사람들은 본인이 참여한 일에만 관심을 갖는다. 본인이 '관여(Involvement)'되는 순간 책임감을 느끼게 된다. 참여와 관여는 쓸데 없는 비판과 비아냥거림을 줄어들게 만든다. 방관자가 많을수록 실패확률은 올라간다.

∴ 변화의 과정은 수시로 업데이트해야 한다

변화의 시작은 항상 원대하지만 시간이 갈수록 그 원대함이 시들해지는 이유가 무엇일까? 주변의 관심과 참여가 서서히 줄기 때문이다. 당신이 처음에 보여주었던 의욕적인 시도는 점차 다른 사람의 기억에서 사라진다. 주변의 관심과 참여가 줄면 변화의 동력이 떨어지고, 그런 상황에서는 사람들의 지속적인 협조를 얻기 힘들다.

변화의 '지속성'은 사람들의 관심을 유지하는 데 달려있다. 사람들의 시들해진 참여와 관심을 다시 불러일으키려면 어떻게 해야 할까? 답은 '공개 모드로의 전환'이다. 즉, 모든 개선활동과 변화활동을 그때그때 홍보하고 변화의 과정을 수시로 업데이트해야 한다는 것이다. 예를 들어 변화활동이 3단계로 되어 있다면 '오늘 현재 1단계 완성, 모든 사람의 협조에 감사합니다. 2단계 진행상황은 일주일 후에 공유합니다'라는 식으로 진척상황을 적극적으로 홍보함으로써 다른 사람들이 다음 진행상황을 궁금해 하도록 만들어야 한다. 활용 가능한 모든 수단을 동원하여 개선이나 변화에 관한 최신 정보를 업데이트하고 공유해야 한다. 이러한 활동들을 통해 이해관계자들의 관심과 참여를 증가시켜서 복도에서 만난 동료들이 "그 프로젝트 잘 되고 있던데, 나는 왜 그 활동에 빠진 거야?"라고 말하게 만들어야 한다.

특히 '상사의 협조'는 절대적이다. 처음에 당신의 계획에 지원을 약속했던 상사가 다른 일로 바빠서 지금은 그 계획에 대한 관심에서 떠나 있다면, 수시로 조언을 구하고 의견을 들음으로써 다시 관심이 커지게 만들어야 한다. 나아가 프로젝트의 일부분에 상사를 직접적으로 개입시키면 지속적인 관심과 참여를 이끌어내기가 더욱 쉬워진다.

09
당신도 '청바지 입은 꼰대'가 될 수 있다

〈인턴〉은 내가 재미있게 본 영화 중 하나다. 앤 해서웨이가 잘나가는 스타트업의 30대 여성 CEO인 줄스 역을, 로버트 드 니로가 다른 회사의 임원으로 정년퇴직했다가 줄스의 회사에 늙은 인턴으로 재입사하는 벤 역을 연기했다. 벤은 30대의 젊은 CEO와 20, 30대의 젊은 직원들로만 채워진 신생 회사에서 잘 적응해나간다. CEO인 줄스에게 진심 어린 조언을 해주기도 하고, 일에 서툰 직원들에게는 중요한 팁을 알려주기도 한다. 나이가 많지만 '꼰대' 같지 않은 벤과 젊은 CEO 및 직원들이 조화롭게 직장생활을 해나가는 데 이 영화의 감동 포인트가 있다.

이 영화에서 벤은 젊은 사람들에게 알량한 '충고' 대신 '조언'을 하는 인물이다. 벤이 '꼰대'가 되지 않을 수 있었던 이유는 시대의 변화를 인지하고 순발력 있게 행동했기 때문이다. 그는 나이와 경륜을 내세우지 않았다. CEO와 직원들 역시 '젊은 꼰대' 같이 행동하지 않고

70대인 할아버지 동료를 친구로 받아들이고 경계심을 허물어나간다.

∴ 100페이지짜리 혁신 보고서는 혁신과는 거리가 멀다

2018년 5월에 발표한 맥킨지의 〈한국 기업의 기업문화와 조직건강도 2차 진단 보고서〉는 불통, 비효율, 불합리로 요약되는 우리나라 기업문화의 현실을 그대로 보여준다. 보고서에 따르면 한국의 많은 직장인들이 기업의 혁신활동에 대해서도 냉정한 평가를 내리고 있음을 알 수 있다. 직장인들은 '청바지 입은 꼰대, 보여주기, 무늬만 혁신, 삽질' 등의 표현을 통해 기업의 혁신활동에 대한 부정적인 인식을 드러내고 있다.

스티브 잡스가 신제품 발표회에서 보여준 청바지와 목폴라를 입은 모습은 창의적인 기업의 상징처럼 인식되었다. 많은 경영자들이 잡스를 비롯한 많은 혁신기업의 설립자와 CEO의 개방적인 행동과 발언에 주목하고, 많은 기업들이 혁신적인 기업의 성공 스토리를 벤치마킹의 대상으로 삼고 있다.

하지만 이처럼 혁신적인 기업을 따라가는 노력은 피상적인 변화에 그치는 경우가 많았고, 본질적인 기업문화가 변화되는 경우는 드물었다. 융·복합시대에 인문학의 중요성이 강조되자 경영자들이 앞다퉈 인문학 강연을 들었고, 그런 강의를 몇 번 들은 지식으로 '인문경영'을 선포하는 식이었다. 또한 창의와 혁신이 강조되자 너나없이 회사의 경영이념에 '창의와 혁신'을 새로 포함시키고, 혁신팀을 꾸려 두꺼운 보고서를 만들어 배포한 뒤 전 직원을 모아 놓고 '혁신 보고 대회'를 열

었다. 이런 행사는 잘 포장된 보도자료에 담겨 미디어에 배포되기도 하는데, 보도자료 속 사진을 보면 '혁신 보고 대회'라는 제목이 무색할 정도로 혁신과는 거리가 멀다. 사진에는 행사에 초청된 고위 관료가 가운데 서 있고 좌우로 회사의 고위 인사가 도열해 있는, 여전히 '청바지 입은 꼰대문화'에서 벗어나지 못한 모습이 담겨 있다.

취업포털 인크루트에서 실시한 설문조사를 보면 우리 주변에 여전히 '꼰대'가 많다는 사실을 알 수 있다. 직장인 10명 중 9명은 재직 중인 회사에 꼰대가 있다고 고백했다. 또한 직장인의 88%가 꼰대 때문에 퇴사하고 싶었던 적이 있다고 답했다. 꼰대가 많은 직급을 보면 흥미롭다. 부장급이 31%로 가장 많고, 비교적 젊은 연령대인 과 · 차장급이 24%로 그다음을 차지했다. 꼰대 같은 성향의 사람이 반드시 고위 직급에만 국한되어 있지는 않다는 사실을 알 수 있다.

나이가 많거나 직급이 높다고 해서 모두 '꼰대'는 아니다. 리더층과 연장자 중에서도 창의적이고 개방적인 사람들이 많다. 실제로 혁신적이고 성공적인 기업에는 상당수의 혁신적인 리더들이 일하고 있다. 반면에 우리 주변에는 '젊은 꼰대'들도 많다. 고참이나 선배라는 이유만으로 서열을 매기고 대접을 받으려는 사람은 나이와 상관 없이 모두 '꼰대'다. 당신도 '꼰대'가 될 수 있다. 누구를 '꼰대'라고 비난하기 전에 나부터 경계해야 한다. 나이와 직급에 상관없이 '꼰대 같은 사고와 행동'을 하지 말아야 한다.

나는 1993년에 첫 직장에 입사하자 마자 공책을 샀다. 그 공책에 오늘 만난 사람, 상사의 지시사항, 오늘 처리한 일, 새롭게 배운 프로세스, 내일 할 일을 매일 일기 쓰듯이 기록했다. 직장생활을 시작한 이래 한동안 내 신조는 '내일 할 일도 오늘 하자'였고, 그 신조에 따라 일을 하다보니 늘 퇴근이 회사에서 제일 늦었다. 일부러 그러지는 않았지만 실제로 당시에는 일이 많았던 것 같다. 로비의 경비 아저씨가 내미는 퇴근자 명단에 마지막으로 내 이름을 써 넣으면 왠지 뿌듯한 기분이 들곤 했다. 휴가는 여름에 3~4일 가는 것이 전부였다.

당시에는 일요일에 출근하는 일도 잦았다. 한 번은 일요일에 혼자 나와서 직원 급여작업을 하고 있는데, 우연히 회사에 나온 사장님과 관리담당 전무님의 눈에 띈 적이 있었다. 그때 그분들에게서 "일요일인데 왜 쉬지 않고 나왔나. 그만하고 들어가"라는 말을 듣고 뿌듯함을 느꼈던 기억이 있다. 그날 좋은 인상을 주게 되어서인지는 모르지만, 나는 그 다음해에 대리로 승진해서 인사파트를 책임지게 되었다. 나의 이런 경험은 많은 사람에게 낯설지 않을 것이다. 지금의 리더들 중에는 성실성, 장시간 근무, 휴가 반납 같은 희생으로 성공한 사람이 많다. 그때는 그만큼 열심히 밤늦게까지 일하는 사람이 인정받는 시대였다.

하지만 시간이 흐르면서 나의 일하는 방식도 바뀌었다. 내가 과거에 일하던 방식을 직원들에게 강요하거나, 직원들의 퇴근시간과 휴가 사용을 통제하는 일도 없었다. 오직 성과와 전문성만으로 직원들을 평가하려고 했다.

내가 일하는 방식을 바꿀 수밖에 없었던 이유는 간단하다. 더 이상 성과가 투입시간에 비례하지 않는다는 사실과, 전문성 없이 시간만 투입하는 일하는 방식은 회사와 개인에게 전혀 도움이 안 된다는 사실을 알게 되었기 때문이다.

리더는 자신이 과거에 경험한 성공방식을 직원들에게 강요하는 것을 제일 경계해야 한다. 시대는 너무 빨리 변하고 있다. 자신의 생각하는 방식과 일하는 방식을 최고의 가치로 신봉하는 리더는 '꼰대'로 인식될 수도 있고, 변화와 혁신을 방해하는 훼방꾼으로 보일 수도 있다.

∴ 나이·직급·서열은 머릿속에서 지워라

당신은 처음 사람을 만날 때 무엇을 먼저 확인하는가? '꼰대 같은 사람'은 나이, 직급 같은 것을 먼저 알고 싶어 하고, 심지어 고향을 물어보기도 한다. 그리고 그런 정보를 토대로 서열을 매기기 시작하고, 자기만의 서열에 따라 말투도 바꾸고 행동도 바꾼다. 이런 사람에게는 상대방의 현재 역할과 책임의 범위는 별로 중요하지 않다. 모든 문제를 실력이 아닌 서열과 관계로 해결하려고 한다.

회사는 기본적으로 일하는 곳이다. 당연히 일 잘하는 사람이 대우 받고 인정받아야 한다. 누구나 인정하는 기본적인 원칙이다. 그런데 일은 잘 못하는데 나이, 근속, 학력 때문에 대우 받는 경우도 있다. 이런 모순은 회사의 문화나 제도 탓이기도 하지만, 그런 문화와 제도만을 탓할 것도 못된다. 문화와 제도는 사람과 사람이 모여서 만들어지는 것이므로, 그것들을 탓하기에 앞서 나부터 사고방식과 행동을 변화시켜야 한다.

성과와 관련이 없는 나이, 학력, 근속 같은 것들을 중시하는 직원들이 많아지면 '꼰대 문화'가 형성되기 시작한다. 물론 연장자와 고위 직급자는 그 자체로 존중 받아야 한다. 그것은 좋은 문화이고 조직의 작동원리이기도 하다. 하지만 과하면 안 된다. 나이와 직급보다는 전문성과 성과가 훨씬 더 중요하다. 당신이 실력과 성과로만 대우 받기를 원한다면 당신의 나이, 직급, 서열 등은 잊어야 한다. 그러한 것들로 이익을 보려고 하지도 말고, 실패에 대한 핑계거리로 삼으려 해서도 안 된다.

∴ 혁신과 창의는 수평적 사고에서 나온다

하버드대 교수를 지낸 에드워드 드 보노는 수평적 사고(Lateral Thinking)가 창의성을 높인다고 강조한다. 그는 수평적 사고는 '상황의 다양한 측면을 파악하고, 상반된 측면도 함께 고려하는 사고방식'이라고 말한다. 반면에 수직적 사고(Vertical Thinking)는 이미 확립된 방식으로 문제를 해결해나가는 사고방식이다. 다시 말해 수직적 사고는 사물이나 현상을 한 방향에서만 보는 것이고, 수평적 사고는 사물이나 현상을 여러 방향에서 입체적으로 보는 것이다.

과거에는 수직적 사고가 더 효과적인 경우가 많았다. 조직에서는 모든 사람이 한 방향으로 사고하기를 원했고, 동질의 사람들이 모여서 동질의 사고를 하는 것이 경쟁력이라고 생각했다. 실제로 이미 확립되고 검증된 방식은 위험을 최소화하고 실패확률을 낮추며 성공 가능성을 높인다.

하지만 수직적 사고가 심해지면 '꼰대 문화'가 만들어진다. 과거에 했던 방식을 고집하는 것은 개방적이지 못한 태도다. 수직적 사고로는 혁신적인 대안을 찾기 어렵다. 현재 혁명적 기술 진보를 이루고 있는 기업들은 모두 창의성을 기반으로 성장하고 있다. 창의성은 기존의 시각과 방식을 고집하지 않고 사물이나 현상을 다른 각도에서 바라볼때 나타난다. 최근의 혁신적인 제품들은 기존의 기능들의 연결을 통해서 만들어지는 경우가 많다. 연결하는 능력은 기존의 것을 다른 방향에서 바라봄으로써 새로운 가능성을 발견해낼 때 만들어진다.

Chapter 4

8

고민을 줄이고 실행에 초점을 맞춰라

01
실행이 없으면
결과도 없다

중용(中庸)에는 오학론(五學論)이 나온다. 오학론은 5가지 공부하는 방법, 즉 넓게 두루 읽는 박학(博學), 세밀하게 두루 질문하는 심문(審問), 신중하게 생각하는 신사(愼思), 뚜렷하게 판별하는 명변(明辯), 성실히 실천하는 독행(篤行)을 말한다. 정약용은 "옛날 학자들은 이 5가지를 골고루 공부했는데, 요즘의 학자는 박학(博學)에만 집착한다"라는 말로 학문의 '실천'을 강조했다.

그의 말은 오늘날에도 그대로 적용된다. 우리는 학교에서 많은 교육을 받는다. 회사에서도 다양한 교육프로그램에 참여한다. 지식과 정보를 얻기 위해서 책을 읽고 컨설팅을 받는다. 하지만 이런 교육으로는 실행력을 높일 수 없다. 많이 공부하고 컨설팅 보고서를 읽어서 얻는 지식과 정보로 성과를 낼 수 있다면 얼마나 좋겠는가? 많이 아는 것에 대한 맹신은 기업에서는 통하지 않는다. 실행력을 높이는 일하는 방식을 익혀야 한다.

실행력은 '새로운 것, 도전적인 것, 변화를 추구하는 것'과 같은 개념에 중점을 두는 역량이다. 매일 하는 일상적인 일을 잘한다고 실행력이 좋다고 하지는 않는다. 약간은 결과가 불확실한 일, 실패할 수도 있는 일, 이전에 해보지 않았던 일을 거리낌 없이 시도하는 능력이 실행력이다. 만약에 상사에게서 이런 말들을 듣는다면 당신의 실행력 수준이 낮다는 사실을 의미한다.

- "왜 안 된다는 말만 하는 거야?"
- "뭐라도 해봐야 할 것 아닌가?"
- "너무 생각만 하지 말고 일단 시도해 보라고."
- "너무 장황해서 무슨 말인지 모르겠어."
- "핑계 대지 말고, 결과를 내야 할 것 아닌가?"

∴ 리더는 실행을 통해 결과를 만드는 사람이다

전 직장에서의 일이다. 동남아시아 담당 팀장이 공석이 되어서 해외영업본부장과 나는 외부 채용공고와 동시에 내부에서도 적합한 후보를 찾기 시작했다. 우리는 결국 외부에서 접수된 서류에서 마땅한 후보자를 찾지 못해서 논의 끝에 해외 영업본부 내에서 2명의 후보자를 찾아냈고, 그 2명의 프로필을 가지고 사장실로 갔다. 2명 중 한 명인 P 차장은 중국지역을 담당하고 있었는데, 신시장을 발굴하는 능력은 탁월한 데 비해 일의 세밀함이 조금 떨어져서 영업분석 자료들이 엉성하고 정확하지 않은 때가 많았다. 또 가끔 너무 행동만 앞선다고 본부장에게서 질책을 받기도 했다.

또 다른 후보인 C 차장은 말레이시아 및 싱가포르 지역을 담당하고 있었는데, 영업실적은 항상 중간 정도지만 신중하고 꼼꼼한 성격을 가지고 있었다. 하지만 가끔 그런 성격으로 인해 소심하다는 인상을 줄 때가 있었다.

사장실에서 우리는 장·단점이 명확한 두 후보자를 두고 적합한 사람을 선택하기 위한 논의에 들어갔다. 처음에는 의견이 분분했지만 논의는 30분만에 싱겁게 끝나버렸다. 세밀한 측면은 조금 떨어지지만 추진력 하나는 뛰어난 P 차장을 팀장으로 임명하기로 의견을 모은 것이다. 영업팀의 특성상 행동 중심으로 일하는 사람이 중요하다는 데 아무도 이의가 없었다. 세밀함이 떨어지는 부분은 직원들이나 지원팀이 도와주면 된다고 판단했다.

나는 이 사례처럼 인사담당 임원으로 일하면서 경영진들과 승진자 결정을 함께 논의하는 경우가 많았다. 이런 논의에서 승진자를 결정할 때는 과거의 성과, 영어실력, 분석적 능력, 커뮤니케이션 능력, 인간관계 설정 능력 등 여러 가지 요소들을 종합적으로 반영하지만, 무엇보다 '실행력'을 가장 결정적인 요소로 삼았다. 거의 모든 역량을 다 갖추었더라도 실행력이 없으면 리더로 선택하지 않았다. 반대로 다른 몇 가지 역량이 조금 부족하더라도 실행력이 강하면 리더로 세우는 경우도 있었다. 리더의 역량 중 실행력이 매우 중요하다고 생각했기 때문이다.

기업에서 실행력을 중요하게 생각하는 이유는 명확하다. 실행을 해야 결과를 낼 수 있기 때문이다. 기업에서의 활동은 모두 좋은 결과를 만들기 위한 과정이고 수단일 뿐이다. 그렇기 때문에 리더를 선택하는데 있어서 '누가 결과를 만들어낼 확률이 높은가'를 중요하게 생각하는 것이다. 생각만 하는 사람은 행동을 안 하기 때문에 결과를 만들어낼 확률이 낮다. 반면에 행동을 앞세우는 사람은 실수할 확률이 높지만, 동시에 성공할 확률도 높다.

∴ 보고서만 봐도 실행력을 알 수 있다

K 차장은 내가 일했던 기업의 HR 본부에서 해외 인사를 담당한 매니저였다. K 차장은 내가 지시하면 즉시 행동에 옮기고, 판단력이 빨라서 피드백이 24시간을 넘기는 법이 없었다. 워낙 주도적으로 일하는 스타일이라 가끔은 너무 멀리 나가서 나를 당황하게 만들기도 했다.

K 차장의 일하는 방식의 특징은 '장황하지 않다'는 데 있었다. 특히 K 차장이 작성한 보고서는 항상 간결하고 이해하기가 쉬웠다. 또 아무리 복잡한 문제도 단순하게 보고하는 능력이 있었다. 보고를 할 때 일의 배경, 이유, 원인을 먼저 이야기하지 않고 "올해에는 예년과 다르게 평가를 1월 중에 마치는 것이 좋겠습니다. 왜냐하면…" 하는 식으로 결론부터 단호하게 언급했다. 이런 식으로 보고하면 행동과 결론 위주로 논의하기가 쉬워지기 때문에 회의가 생산적으로 운용되고 의사결정 시간도 단축된다. 이후 K 차장은 다른 대형 외국계 회사의 HR 부문 책임자가 되었다.

반대의 사례도 있다. 내가 일했던 회사에 경력사원으로 입사한 영업지원팀의 H 대리는 다른 기업의 해외영업팀에서 주로 중국을 대상으로 5년 정도 영업을 한 경험이 있었다. 그런데 H 대리가 입사하고 나서 3개월쯤 지났을 때 영업지원팀장이 나를 찾아와서 H 대리의 업무능력에 대한 의구심을 제기했다. H 대리에게 지시를 하면 항상 보고가 늦고, 중간에 업데이트를 해주는 법도 없다고 했다. 예를 들면 자신이 국가별 수출실적에 대한 데이터를 요구했더니, 엑셀로 간단히 만들면 될 자료를 파워포인트 문서로 포장하느라 며칠을 보낸다는 것이다. 또 새로운 영업 인센티브 제도에 대한 의견을 정리해달라고 했더니, 30페이지짜리 파워포인트 보고서에 온통 현황, 목표, 배경, 문제점만 장황하게 담고, 정작 중요한 담당자 의견은 문서 맨 뒤에 1~2페이지가 전부였다는 것이다.

H 대리처럼 문서를 장황하게 만드는 사람들의 가장 큰 문제점은 '실행력'이 떨어진다는 것이다. 이런 사람들에게 무엇인가를 물어보면 도대체 하고 싶은 말이 무엇인지 알 수 없는 답이 돌아온다. 보고서에는 슬라이드 수만 장황하게 많을 뿐 정작 핵심적인 메시지가 없다.

∴ 겁이 나더라도 일단 실행해야 한다

일을 할 때 겁이 나는 경우가 있다. 내가 하고 있는 일이 나쁜 결과를 가져올지도 모른다는 우려가 있을 때다. 그로 인해 회사에 조금이라도 손해를 끼치게 되면 상사의 질책을 받을 수 있는 두려운 상황이다. 나의 판단과 행동 때문에 동료들이 곤란한 상황에 처할 수도 있다. 이로 인해 동료들이 나를 집단적으로 비난할까 봐 걱정되기도 한다.

이렇게 겁이 앞서면 일을 실행할 수가 없다.

일을 할 때 겁이 나는 이유는 그 일을 둘러싼 상황이 불확실하기 때문이다. 결과만 불확실한 것이 아니라 내가 판단을 제대로 했는지 확신이 들지 않을 때가 많다. 그러면 일을 하는 내내 '다른 방법을 택했어야 하는 것 아닌가?' 하는 생각이 스스로를 괴롭히게 된다. 나의 실력에 대한 불안감도 있다. '큰소리치기는 했는데 정말 내가 이 일을 해낼 수 있을까?'라는 생각이 들면 행동은 더욱 느려진다.

겁이 없는 사람은 없다. 불안과 두려움에 대처하는 방법이 다를 뿐이다. 불안과 두려움을 피하려고만 하는 사람은 작은 실패와 실수에 지나치게 민감하다. 실패의 가능성만을 따지며 안 되는 핑계거리를 찾아 나선다. 이런 사람은 보고서를 잘 작성하면 실패확률을 떨어뜨린다고 맹신하는 경향도 보인다. 시간계획을 최대한 길게 잡음으로써 실행의 두려움을 피해보려고도 하고, 실행을 하다 말고 두려움이 생겨서 다시 위험분석에 매달리기도 한다. 이와 관련해 캘리포니아대학교 리더십 연구소 소장인 버트 나누스 교수는 이렇게 말한다.

"학습(Learning)은 해보기(Trying)라는 단어의 연장선상에 있다. 모든 학습에는 실패가 따르기 마련이다. 그것으로부터 사람은 계속 배울 수 있다."

이 말처럼 실행해보지 않으면 학습의 기회조차 얻을 수 없다.

반면에 실행력이 높은 사람은 두려움 속에서도 움직인다. 겁이 나지만 실행하면서 하나씩 극복해나간다. 장애를 핑계대지 않고 그 장애를 극복할 방법을 찾아나간다. 애초에 100% 확실한 상황이란 없다. 불확실하기 때문에 실행이 중요한 것이다.

02
과녁을 맞히려면
일단 총을 쏴야 한다

"혁신기업은 '준비, 발사, 조준(Ready, Fire, Aim)'의 원칙으로 일해야 한다. 이런 방식은 실행을 통한 학습의 기회를 빨리 제공한다."

맥킨지의 컨설턴트인 톰 피터스(Tom Peters)가 그의 저서 《초우량 기업의 조건》에서 실행의 중요성을 강조하면서 한 말이다. '준비, 발사, 조준' 원칙은 덜 완성된 초기 버전의 제품이나 서비스라도 시장에 좀 더 빨리 노출시켜야 한다는 전략이다. 더 빠른 노출은 더 빠른 시장의 피드백을 얻게 해주고, 이를 토대로 남보다 빠른 수정을 할 수 있는 기회를 제공한다. 혁신기업들의 성공은 모두 이런 원칙을 실천한 결과다.

총을 쏴서 과녁에 맞히려면 먼저 발사를 하고 서서히 조준해나가는 방법이 효과적이다. 군대에서는 이런 원칙에 따라 처음 사격을 할 때 '영점 사격'이라는 훈련을 한다. 총을 몇 번 쏘아보면서 조준의 정확도를 조정하는 훈련이다. 정식으로 사격을 하기 전에 영점 사격을 통해 조준점을 정확히 맞추지 않으면 과녁을 맞힐 확률이 떨어진다.

한두 번의 사격으로 과녁을 맞히지 못했다고 해서 실패라고 규정해서는 안 된다. 어차피 한두 번의 사격은 과녁에 정확히 맞히기 위한 준비과정이다. 한 번에 과녁을 맞히지 못하면 실패라는 생각으로 조준만 하고 발사하지 못하는 사람은 영원히 과녁을 못 맞힐 수도 있다. 살아 움직이는 과녁이라면 조준하는 동안 이미 도망가고 없을 수도 있다.

일을 할 때도 마찬가지다. 한 번의 시도로 완벽한 결과를 낼 수는 없다. 아니 완벽한 결과라는 것은 존재하지도 않는다. 일의 본질은 '지속적인 개선'을 하는 것이다. 빨리 시도하고 빨리 개선해나가는 것이 실행력을 높이는 방법이다.

∴ 개개인의 성과차이는 무엇에서 비롯되는가?

"최고경영자의 임무는 구상이 아니라 실행입니다. 경영자가 하는 일은 사람을 다루는 일입니다. 사업의 가치평가니 과학적 비즈니스 전략이니 모두 그럴듯한 이야기처럼 들리지만 모두 빛 좋은 개살구입니다. 기획은 실행의 도구입니다. 실행만이 경영자의 과업입니다."

GE의 CEO였던 잭 웰치가 MBA 과정 학생들에게 한 강연의 일부다. 학생들은 그에게서 멋진 경영전략 수립방법에 대해 들을 것이라고 기대했지만, 그는 전략이나 계획에 대해서는 한마디도 하지 않고 강의 시간 내내 오직 실행의 중요성만을 강조했다.(이원재 저, 《MIT MBA 강의노트》에서 참조)

개개인의 성과차이는 무엇에서 비롯되는가? 지식과 정보를 얻기 어려웠던 과거에는 지식과 정보가 많으면 성과가 좋을 것이라고 생각했다. 그래서 고학력자를 선호하고 해외 유학자를 선호했다. 그들이 남들보다 많은 지식과 정보를 가지고 있을 것이라고 믿었기 때문이다.

하지만 지금은 지식과 정보가 차고 넘친다. 학력과 해외 학위 등의 경력과는 상관없이 누구나 고급 정보와 지식에 접근할 수 있다. 오늘날에 성과는 지식과 정보의 양이 아니라 그것들을 연결하고 조합하는 능력에 의해 만들어진다. 다시 말해 단순히 정보와 지식을 모으는 데 그치지 않고, 그것들을 조합하고 연결해보려는 시도, 즉 '실행'을 해야만 좋은 결과를 만들 수 있다. 좋은 학력과 학위를 가지고 있는데도 성과가 없고 승진을 못하는 사람은 너무나 많다. 반면에 좋지 않은 학력에도 고속으로 승진하고 임원에까지 오르는 사람도 많다. 이 모든 차이가 '실행력'의 차이에서 생기게 된다.

∴ '계획 세우기'에 대한 맹신을 버려라

업무의 효율성을 높이려면 성과가 나는 일에 많은 시간을 투입해야 한다. 성과와 직접적으로 관련이 없는 대표적인 일이 '계획 세우기'다. 사람들은 그럴듯한 전략 보고서를 만들면 성과가 저절로 난다는 엄청난 착각에 빠지곤 한다.

IDEO는 세계에서 가장 혁신적인 기업으로 꼽히는 디자인 기업이다. IDEO는 애플, 토요타 같은 글로벌 기업들의 파트너로서, 매년 세계적인 브랜드의 신제품을 디자인하는 기업으로 유명하다. 이 기업의 CEO인 데이비드 켈리는 "시행착오를 통해 얻은 깨달음은 결점이 없는 지성인의 계획수립을 압도한다"라고 말하기를 좋아한다. 이 회사의 디자이너인 피터 스킬먼(Peter Skillman)은 회사의 실행 중심 문화에 대해 이렇게 말하기도 한다.

"빠르게 프로토 타이핑하는 것이 우리의 신앙입니다. 우리는 아이디어를 얻을 때 그것을 눈으로 볼 수 있도록 당장 만들어봅니다. 사용해보고 배웁니다."(제프리 페퍼 · 로버트 서튼 저, 《생각의 속도로 실행하라》에서 참조)

과거에는 기업들이 계획에 집중했다. 정보나 지식을 얻고 가공하는데 많은 시간이 걸렸기 때문에 시장조사, 경쟁사 분석, 일정계획, 데이터 집계, SWOT 분석을 하는 데 상당한 시간이 필요했다. 그럼에도 불구하고 시장이 기다려줬다. 소비자의 기호와 선호도는 느리게 변했고, 몇 개월 안에 갑자기 강력한 경쟁자가 등장하는 일도 없었다. 몇 개월(가끔은 몇 년)에 걸친 밤샘 계획은 시장에 먹혀 들어갔고, 한 번 확보한 시장은 견고하게 지킬 수 있었다. 좋은 계획이 좋은 결과를 낳는 시대였다.

하지만 지금은 어떤가? 시장을 정확히 예측할 수 있는 사람이 있는가? 당신이 분석한 위험과 기회요인이 완벽하다고 할 수 있는가? 우리가 계획을 세울 때 동원한 정보와 지식이 그 계획을 실행할 때는 이미 의미가 없어져버리기도 한다.

보고서 작성, 기나긴 회의, 데이터 분석, 반복된 논의 등은 모두 계획과 관련되어 있다. 지금까지는 이러한 일에 당신에게 주어진 시간의 대부분을 사용했을지 모른다. 만일 당신이 근무시간의 50% 이상을 보고서 작성이나 분석하는 일에 사용하고 있다면 당장 일하는 방식을 바꿔야 한다. 계획을 멈추고 '시도'해야 한다.

피터 드러커는 다음과 같은 말로 실행의 중요성을 강조했다.

"가장 좋은 계획도 행동으로 옮기지 못하면 그것은 그저 좋은 의도일 뿐이다."

계획 중심의 사고방식을 경계해야 된다는 의미다. 행동에 집중하지 않는 계획은 단순히 희망사항의 나열에 불과할 수 있다.

∴ 너무 칭찬만 받으려고 하지 마라

실행력이 높은 사람은 많이 질책받기도 한다. 하지만 실행력을 높이려면 질책받을 각오도 해야 한다. 빠른 실행을 하다보면 필연적으로 나쁜 결과가 나올 때가 있다. 하지만 실행력이 높은 사람은 상사의 질책이나 다른 사람의 비난에 크게 신경 쓰지 않는다. 실수를 하더라도 구구하게 변명하지 않으며, 바로 털고 일어나서 다음 할 일을 생각한다.

실행력이 높은 사람은 사소한 일은 나중에 처리한다. 그래서 사소한 일에서 일부 문제가 발생하기도 한다. 다른 부서의 질문에 답변이 늦어지기도 하고 일상적인 행정 처리에 실수가 있기도 하다. 다른 사람에게 일시적으로 불편을 주거나 비난을 받기도 하지만, 그것이 엄청난 불편이나 비난이 아니라면 어느 정도 감수할 줄도 알아야 한다. 모든 일을 다 잘할 수는 없다. 핵심 업무에서 성과를 내고 나서 다른 문제를 처리해야 한다.

반면에 실행력이 없는 사람은 상사의 질책에 극도로 민감하다. 칭찬을 받지 못하면 불안해 하고, 다른 사람의 비난이나 평판에 신경을 많이 쓴다. 상사에게 질책을 받을까 봐 변명거리를 찾고, 다른 사람의 비판에 감정적으로 대응하기도 한다. 이런 성향은 다음 번 행동을 위축시킨다. 자신감이 없어지고 실행력은 갈수록 떨어지게 된다.

멋진 보고서의 작성, 불필요한 회의에 모두 참석하기, 동료들 사이에서 좋은 사람 되기, 상사에게서 항상 1등으로 인정받기, 동료의 업무협조에 완벽하게 도와주기 같은 것들은 적당히 포기해야 한다. 이러한 것들은 핵심적인 업무를 처리하고 시간이 남으면 신경 써라.

03

회의는 분석이 아닌
실행에 집중해야 한다

"회사의 일 중에서 가장 비효율적인 것이 있다면?"

이런 질문에 대해서 당신은 무엇이라고 답하겠는가? 아마도 많은 사람이 '회의'라고 답할 것이다. 왜 회의가 이 모양이 되었을까? 회의 시간이 왜 무의미하고 지루한 시간이 되었을까?

첫째, 회의의 구도가 잘못되었기 때문이다. 잘못된 회의는 보고자와 보고 받는 자의 구도로 이루어진다. 안건은 없고 상하관계만 있다. 상사는 보고만 받으려고 하고 부하는 보고만 하려고 한다. 안건을 논의하는 것이 아니라 안건을 보고하고 승인 받는 자리다. 참석자들이 안건 중심으로 모이는 것이 아니고 계급 중심으로 모인다.

둘째, 회의의 목적이 잘못되었기 때문이다. 회의의 목적이 문제해결이 아니고 분석에 치우친다. 사람들이 모여 매출, 손익, 시장조사, 원인분석, 트렌드 같은 과거의 데이터만 분석하고 있다. 정작 '어떻게 할 것인가?', '무엇을 할 것인가'라는 의제는 빠져 있다.

대한상공회의소에서 2017년에 발표한 〈국내 기업의 회의문화 실태와 개선해법〉 보고서는 현재 우리 기업들의 회의문화를 여실히 보여준다. '회의라고 하면 떠오르는 단어가 무엇인가'라는 질문에 응답자의 91.1%가 '상명하달, 강압적, 불필요함, 결론 없음' 같은 부정적인 답변을 했다. 응답자의 61.6%는 상사가 발언을 독점한다고 답했다. 회의 참석자의 39%가 회의에서 아무 말도 안 하고, 회의시간의 31%는 잡담, 스마트폰, 멍 때리기로 허비하는 것으로 나타났다. 전체 회의의 55.2%는 결론 없이 끝나고 있으며, 회의 참석자 3명 중 1명은 불필요한 참석자인 것으로 조사되었다.

회의실만 봐도 그 조직이 얼마나 폐쇄적이고 경직되어 있는지를 알 수 있다. 굳게 닫힌 회의실 문과 안이 들여다보이지 않는 밀폐된 방, 검은색 의자와 중후한 사각 테이블, 어둡고 엄숙한 조명은 회의실이 아니고 취조실에 가깝다. 이런 회의실에서는 자유로운 토론이나 논의가 불가능하다. 이런 회의실에는 예외 없이 임원의 자리, 팀장의 자리, 사원의 자리가 정해져 있다. 테이블에 좌석표가 없어도 무언의 좌석표가 있어서 이를 침해하는 것은 권위에 대한 중대한 도전이 된다.

이런 비생산적인 회의를 계속할 수는 없다. 회의를 소모적이고 비효율적으로 만드는 것이 꼭 상사의 탓만은 아니다. 당신부터 스스로 회의방식을 바꾸는 노력을 해야 한다. 상사에게 끌려다니지 말고 회의를 주도적으로 이끌어라. 스스로 안건을 개발해서 먼저 회의 소집을 요청하고, 회의에서 주도권을 잡고 적극적으로 발언하라. 회의시간은 당신의 능력을 보여줄 수 있는 가장 확실한 시간이다.

회의는 먼저 소집한 사람이 안건을 주도하게 된다. 항상 상사가 회의를 소집하기 때문에 지금까지 당신이 소극적으로 회의에 임했던 것이다. 당신이 주도적으로 안건을 만들어서 상사에게 회의를 요청해야 한다. 그러면 상사는 회의의 안건을 궁금해 할 것이고, 당신이 조언을 구할 때 적극적으로 반응해줄 것이다. 이런 회의에서는 보고자와 보고받는 자의 위계적인 구도가 완화된다.

모든 회의는 제일 직급이 높은 사람이 해야 한다는 생각은 잘못되었다. 회의를 소집하는 사람도 해당 업무의 담당자여야 하고, 회의를 진행하는 사람도 담당자여야 한다. 상사는 담당자가 소집한 회의에서 논의를 지켜보고 의견을 이야기하면 된다. 전문성이 존중 받는 조직은 문제 제기를 담당자가 하고 문제해결을 위한 회의 요청도 담당자가 한다.

당신이 먼저 회의를 소집하면 참석자들을 직접 정할 수 있다. 참석자를 잘 선택할수록 회의는 효율적으로 진행된다. 회의가 비효율적인 이유는 쓸데없이 많은 사람이 들어와 앉아 있기 때문인 경우가 많다. 회의에 참석하는 사람은 다음과 같은 기준으로 선택해야 한다.

- 당신의 결정에 지원이나 조언을 할 수 있는 상사
- 안건의 결정 결과에 따라 긍정적 또는 부정적인 영향을 받을 수 있는 사람

- 안건에 대한 전문적인 지식과 경험이 있는 사람
- 안건의 결정에 찬성과 반대를 할 수 있는 입장에 있는 사람

반면에 이런 참석자는 피해야 한다.

- 안건과 연관이 있는 다른 부서의 책임자지만, 전문적이고 실무적인 지식과 경험이 없는 사람
- 안건에 대해서 알아 두면 좋고 몰라도 크게 상관 없는 사람

∴ 회의에서는 무조건 적극적으로 발언하라

"현대카드·현대캐피탈 임원회의에서 계속 발언이 없는 분은 직위에 상관 없이 아예 회의에 들어오지 말라고 통보한다. 할 말이나 열정이 없는 사람이 굳이 자리를 차지하고 있을 필요가 없다. 회의 참석은 의견 교환을 위해서이지 자리 과시용이 아니다."

현대카드의 정태영 사장이 생산적인 회의에 대해 한 말이다.(〈한경비즈니스〉 2014.11.10. 리포트에서 발췌) 모든 혁신적인 기업의 회의실에서는 공통적인 상황을 발견할 수 있다. 회의하는 모습만으로는 누가 상사이고 누가 직원인지를 알 수 없을 정도로 모든 참석자들이 활발하게 논의하고 논쟁을 벌인다는 것이다.

나의 경험으로는, 회의에서 적극적으로 발언하는 사람이 인정받지

못하는 경우를 본 적이 별로 없다. 반대로 회의시간에 말이 없는 사람이 인정받는 경우를 본 적도 별로 없다. 앞서도 말했듯이 회의시간은 다른 사람들, 특히 고위 직급의 사람들에게 나의 전문성을 보여줄 수 있는 제일 중요한 기회가 된다. 그렇기 때문에 회의시간은 항상 논리의 경연장이 되어야 한다.

다른 사람이 제기한 안건을 논의하는 회의자리에서도 발언을 많이 해야 한다. 우리는 일반적으로 다른 사람의 일에 대해 발언하기를 주저한다. 자칫 간섭한다는 인상을 줄 수 있기 때문이다. 그렇지 않다. 전혀 모르는 업무에 대해서도 질문해야 한다. 마케팅담당자가 인사제도를 따지고, 영업팀장이 IT팀에 아이디어를 주고, 재무팀원이 광고 콘셉트에 대한 제안을 해야 한다. 전혀 다른 시각에서 엉뚱한 의견을 말해줘야 한다. 비록 그 의견이 문제해결에 직접적으로 도움이 되지 않더라도 담당자가 그 의견을 통해 못 보던 문제를 볼 수도 있고, 문제해결을 위한 다양한 힌트를 얻을 수도 있기 때문이다.

∴ 데이터 분석을 멈추고 'So What?'에 답하라

나는 참석자들이 자기가 한 일만 잔뜩 늘어놓는 회의를 제일 싫어한다. 이런 회의에 참석하고 있으면 '내가 왜 이 바쁜 시간에 여기 와 있지? 내가 왜 저 사람이 무슨 일을 했는지를 듣고 있어야 하나?'라는 생각이 들면서 화가 난다. 이런 사람들은 대부분 자신만 이해하는 숫자를 나열하거나, 장문의 파워포인트 자료를 보여준다. 파워포인트 자료도 온통 안건의 배경, 목적, 이유, 콘셉트들뿐이다.

예전에 일하던 직장에서 한 번은 리스크관리팀장이 각 부서의 팀장들을 모아놓고 회의를 시작했다. 나는 그 팀장이 30분 이상 온통 개념이나 배경 등만 이야기하는 것을 보고 참다못해서 "그래서 오늘 나를 참석하라고 한 이유가 뭡니까? 도대체 전하려는 메시지가 뭐예요?"라고 물었다. 그제서야 그는 "오늘은 리스크 관리의 중요성에 대해 알려드리려고 회의를 소집했습니다. 다음 번 회의에서는 이와 관련해 부서별로 진행할 일에 대해 알려드리겠습니다"라고 이야기했다. 나는 그 말을 듣고 이런 말을 하려다가 참았다.

'여기 모인 사람 중에서 리스크 관리의 중요성을 모르는 사람이 누가 있나요?'

데이터를 보여주거나, 배경, 목적 등을 설명하는 시간은 전체 회의시간의 10%면 충분하다. 회의시간의 90%는 '그래서, 무엇을 할 것인가?', '리스크를 줄이기 위해 어떤 활동을 할 것인가?', '어떤 행동을 해야 리스크 관리에 도움이 되는가?'를 논의하는 데 써야 한다. 이런 논의를 할 준비가 안 되어 있으면 회의 자체를 소집하면 안 된다.

회의의 목적은 항상 '문제해결에 대한 대안 찾기'가 되어야 한다. 과거에 이미 일어난 일, 과거의 데이터 분석은 최소한만 언급해야 한다. 과거에 이미 벌어진 일과 데이터 분석에 이견이 있을 수 있나? 회의는 문제해결 방법에 대해 여러 사람의 의견을 듣고 토론하는 데 집중해야 한다.

애매하고 불분명한 상태에서 회의실을 나서지 마라. 회의실을 나설 때는 '어떤 행동을 할 것인가?'에 대한 구체적인 결론이 나와 있어야 한다. "다시 생각해 봅시다", "김 대리, 보고서 만드느라 수고했어", "오늘 회의자료를 보낼 테니 검토의견 부탁합니다", "조만간 다시 회의자료를 업데이트해서 보내겠습니다", "실행계획은 추후 논의하기로 하지요" 식의 말로 회의를 끝내서는 안 된다.

회의는 이런 말들로 마무리되어야 한다.

"누가 언제까지 무슨 역할을 해야 하는지 알았지요?", "1차 실행한 결과는 일주일 후에 같이 검토하기로 합시다", "여러 아이디어에 감사합니다. 선택된 아이디어를 당장 실행하기로 하지요."

04
보고서 작성은
'일'이 아니다

"당신이 하루 중 가장 많은 시간을 들이는 일은 무엇입니까?"

이 질문에 대해 많은 직장인들이 '보고서 작성'이라고 답할 것이다. 보고서 작성은 가장 많은 시간을 사용하는 일이기도 하고, 가장 스트레스 받는 일이기도 하다. 만일 '당신의 일이 무엇인가요?'라는 질문에 '보고서 작성이요'라고 답하는 직원이 있다면, 그 직원은 본인의 일이 무엇인지도 모르고 있는 것이다. 실제 그의 일은 '영업매출 올리기' 또는 '고객 클레임 처리'일 수도 있고, '온라인 홍보로 고객 확보하기' 일 수도 있다.

보고서 작성은 '일'이 아니다. 매출향상 방안 보고서를 잘 작성한다고 해서 매출이 자동으로 오르지는 않는다. 차라리 보고서를 만들 시간에 잠재고객을 한 명이라도 더 만나야 하지 않을까? 고객만족전략 보고서를 작성한다고 해서 고객 클레임이 줄어들지는 않는다. 그 시간에 불만고객을 한 명이라도 더 만나야 한다. 마찬가지로 홍보효과가 떨어졌다고 해서 책상에 앉아서 홍보전략을 수정하는 데 시간을 쓰지 마라. 당장 광고업체를 찾아가서 만나보고 고객을 만나보라. 보고서를 작성할 시간에 경쟁사의 SNS 마케팅 홍보 페이지를 한 번 더 뒤져보는 것이 낫다.

보고서는 실행을 위한 최소한의 도구일 뿐이다. 당신이 아무런 실행도 하지 않고 하루 종일 보고서만 작성했다면, 당신은 하루 종일 아무 일도 하지 않은 것이다.

∴ 보고서 작성시간을 반 이상 줄여라

전문 시장조사기관인 트렌드 모니터의 〈직장인 보고서 작업현황〉 보고서에 따르면, 직장인들의 하루 보고서 작성시간이 5.2시간으로 나타났다. 하루 근무시간의 65%를 보고서 작성에 사용하고 있는 것이다. 우리는 너무 많은 시간을 보고서 작성에 사용하고 있다. 보고서 작성시간을 지금의 반 이상으로 줄이고 나머지 시간은 '실행'에 투입해야 한다.

업무의 효율을 높이기 위해서는 다음과 같은 순서로 보고서 작성시간을 강제로 줄이는 훈련을 해야 한다.

- 하루의 보고서 작성시간을 계산한다.(1주일 평균)
- 일일 보고서 작성시간 목표를 현재의 반으로 정한다.
- 일일 목표시간 내에서만 보고서를 작성해본다.

- 남는 시간은 본질적인 일에 할애한다.
- 이런 노력을 한 달 동안 반복하여 연습한다.

막연히 '시간을 효율적으로 사용해야지'라는 결심만으로는 개선이 일어나지 않는다. 구체적인 목표숫자를 적어야 행동도 구체화된다. 보고서 작성시간을 강제로 줄여버리면 당신은 다급해지고, 보고서를 효율적으로 작성하기 위한 구체적인 행동을 하게 된다.

보고서 작성에서 절약된 시간은 이제 실질적인 행동에 투입해야 한다. 예를 들어 영업사원은 한 명의 잠재고객이라도 더 만나야 하고, 인사팀 직원은 한 명의 직원이라도 더 만나서 이야기를 들어야 한다. 마케팅팀 직원은 최신 마케팅 트렌드 관련 세미나에 참석하고, 품질관리팀 직원은 현장에 나가서 불량품을 하나라도 더 살펴봐야 한다.

∴ 1분 이내에 이해가 안 되면 잘못된 보고서다

켄 블랜차드와 스펜서 존슨의 저서 《1분 경영》은 속도감 있는 리더의 일하는 방식을 잘 설명해주고 있다. 이 책에는 '1분 목표 설정', '1분 칭찬', '1분 질책'이라는 1분 경영의 3가지 비법이 제시되어 있다. 먼저 '1분 목표 설정'은 목표를 설정할 때 그것을 서류 한 장에 250자 이내로 작성하자는 제안이다. 그래야만 그 서류를 1분 이내에 읽고 이해할 수 있기 때문이다. '1분 칭찬'은 관리자가 직원을 칭찬할 때는 즉각적으로 해야 한다는 것이다. '1분 질책'은 직원이 잘못했을 경우에도 관리자는 즉각적인 질책을 해야 한다는 원칙이다.

1분 경영의 핵심은 일을 '실행 중심'으로 '속도감 있게' 진행해야 한다는 데 있다. 여기에는 '경영의 성공은 누가 더 속도감 있게 실천하느냐에 달려있다'라는 메시지가 담겨 있다. 1분 경영은 경영자나 리더뿐만 아니라 모든 직원이 실천해야 하는 원칙이다.

1분 경영 원칙은 나의 경험과도 일치한다. 나의 상사들은 모두 장문의 보고서를 참지 못했기 때문에 나는 거의 모든 보고를 이메일로 간단히 했다. 아무리 복잡한 이슈도 이메일 한 페이지를 넘지 않게 작성했고, 작성이 끝나면 다시 한 번 내용을 점검했다. 점검의 핵심은 '상사가 30초 안에 읽고 이해할 수 있을까?'였다. 사실 1분도 길다고 생각했다. 나의 상사들은 너무 바쁘고 머리가 복잡한 사람들이라서 30초 이상 보고서를 읽을 인내심이 없다. 보고서를 30초 동안 읽어도 이해가 안 된다면 그들은 나의 이메일을 덮어버린다.

나는 이런 보고서 작성방식을 부하직원들에게도 그대로 요구했다. 모든 보고는 이메일로 하도록 했고, 직접 논의할 주제가 있을 경우에도 A4 용지 한 장 이내로 간단히 보고서를 작성해 오도록 했다. 쓸데없는 파워포인트 문서도 작성하지 않도록 했다. 보고서가 길거나 내용이 즉시 이해가 안 되면, 나는 그 직원의 능력을 의심했다.

실행력이 떨어지는 사람은 '완벽한 보고서'를 작성하고 싶어 한다. 하지만 세상에 완벽한 보고서란 없다. 이런 사람들은 본인의 낮은 실행력을 숨기기 위해서 보고서만 작성하고 있는 것이다. 실행할 용기가 나지 않기 때문에 실행 못하는 이유만 보고서에 채우고 있다.

보고의 생명은 '속도'다. 정확성이 아니다. 불이 난 것을 발견하면

'불이야'를 즉시 외치는 것이 제일 중요하다. 다 같이 모여서 불 끄는 방법을 찾아서 바로 실천하면 된다. '화재의 원인과 대책' 같은 보고서를 만들어서 보고할 시간이 없다.

∴ 서론·본론은 건너뛰고 결론만 담아라

나는 장황한 보고서가 핵심을 담은 것을 본 적이 없다. 보고서가 장황해지는 결정적 이유가 핵심을 몰라서이기 때문이다. 글을 길게 쓰기는 쉽다. 짧게 핵심적으로 작성하는 것이 훨씬 어렵다. 보고서를 짧게 쓰기 위해서는 실천적인 내용 위주로 구성해야 한다. 보고서 내용의 90% 이상은 다음 2가지 질문에 대한 답을 제시하는 데 집중해야 한다. 구체적인 답이 제시되어 있지 않다면 그것은 잘못된 보고서다.

•그래서 무엇을 하겠다는 것인가?
•그래서 당신은 어떤 문제해결 방법을 가지고 있는가?

장황한 보고서는 이런 구체적인 답은 없고 문제의 원인, 배경, 개념, 목적, 환경 같은 관념적인 내용들로 넘쳐난다. 이런 정보들은 모두 주변의 잡다한 정보와 데이터들을 주워 모은 것에 불과하다. 그런 정보에는 작성자의 의견이 없다. 정보를 길게 늘어놓음으로써 스스로의 책임 있는 역할을 회피하고 있는 것이다.

회사의 보고서는 논술과는 다르다. 논술은 서론, 본론, 결론으로 구성된다. 서론에 도입부를 짧게 기술하고, 본론에 많은 내용을 담는다. 결론에서는 본론을 요약하면서 본인의 의견을 짧게 적는다. 이런 글쓰기 방식은 이미 체계화된 이론을 요약할 때는 효과적이다.

하지만 회사의 문서는 다르다. '결론만' 말하면 된다. 서론과 본론이 필요하다면 최소한으로 적어야 한다. 왜 이렇게 적어야 할까? 보고를 받는 사람이 결론만 알고 싶어 하기 때문이다. 보고서를 읽는 상사는 서론과 본론의 내용은 이미 알고 있다. 설사 모르더라도 말로 설명해 주면 된다. 상사가 알고 싶은 것은 당신의 '의견'이다. 상사는 당신의 생각과 실천계획에 대한 결론만을 듣고 싶을 뿐이다.

05
나침반도 없이
항해하려 하는가?

'성공의 3% 법칙'이라는 것이 있다. 1953년에 미국의 예일대 졸업 생을 대상으로 '당신은 인생의 구체적인 목표를 글로 써 놓은 것이 있 습니까?'라는 주제의 설문조사를 한 적이 있다. 이 질문에 졸업생 중 3%만이 '인생의 구체적인 목표를 글로 써 놓았다'라고 답했다. 나머 지 97%의 졸업생은 '목표가 아예 없거나, 목표가 있더라도 마음속에 만 있다'라고 답했다. 20년이 지난 후 같은 졸업생을 대상으로 경제적 인 부유함을 조사해본 결과, 구체적인 목표를 글로 써놓았던 3%의 졸 업생들의 자산이 나머지 97%의 졸업생들의 자산을 합친 것보다도 많 았다.

생각만 하고 있으면 목표가 아니다. '금연을 해야 하는데'라는 생각 만으로는 목표가 될 수 없다. "금연을 하겠다"라고 부인에게 말했다고 해서 목표를 잘 설정한 것도 아니다. '3개월 이내에 금연하지 않으면 100만원 벌금을 내겠다'라고 금연서약을 써서 벽에 붙여놓아야 비로소 목표라고 할 수 있다.

목표가 구체적이면 역량을 한 곳에 집중하게 되고 일의 방향성이 흔들리지 않는다. 목표를 달성하기 위한 행동도 오랫동안 지속된다. 집중적으로 투입된 역량은 성과로 나타난다. 반면에 목표가 구체적이지 않으면 역량이 분산된다. 시작은 했으나 동력을 금방 잃게 되므로 성과가 날 수 없다.

∴ 매일 하는 일은 목표가 될 수 없다

당신이 하는 업무가 모두 핵심 업무는 아니다. 따라서 당신이 하는 모든 업무를 나열하는 것이 목표가 되어서는 안 된다. 목표를 설정할 때 스스로에게 이런 질문을 던져보고 답을 하다보면 무엇이 나의 핵심 업무인지를 찾을 수 있다.

- 회사가 당신을 채용한 이유는?
- 당신의 어떤 업무가 회사의 성과에 가장 큰 영향을 미치고 있는가?
- 회사가 당신에게 가장 기대하고 있는 것은?
- 당신의 업무 중에서 다른 사람과 가장 대체하기 어려운 업무는?

당신이 하고 있는 수십 가지의 업무 중에서 소수의 핵심적인 업무만을 선택해야 한다. 단순한 행정 처리, 보고서 작성, 보조적 업무, 단순 반복적인 업무는 목표항목이 될 수 없다.

목표는 항상 '개선'과 '변화'에 초점을 맞춰야 한다. '실수 없는 업무처리'는 목표수준이 될 수 없다. 업무를 실수 없이 처리하는 것은 당연히 해야 할 일이다. 당연한 해야 하는 일이 목표가 될 수는 없다. 프로세스를 개선하거나 지금 하는 일에 변화를 주는 것이 목표가 되어야 한다.

'영업실적 110% 달성'은 목표항목이 될 수 있다. 실적의 개선이기 때문이다. '재직증명서 발급'은 목표항목이 될 수 없지만 '재직증명서 발급방법의 온라인 전환'은 목표항목이 될 수 있다. 프로세스의 개선이기 때문이다. '영업 인센티브의 실수 없는 지급'은 당연히 해야 할 일로 목표항목이 될 수 없지만, '영업 인센티브 제도의 개선'은 목표항목이 될 수 있다.

∴ 목표가 구체적이지 않으면 몽상이 된다

"지금보다 로켓 기술을 훨씬 발전시키지 않는다면 인류는 지구에만 머물 수밖에 없다. 나를 두고 겁을 상실한 몽상가라고 생각하는 것은 오해다. 아무리 두렵더라도 그것의 가치를 충분히 믿게 되고, 그걸 하지 않고는 견딜 수 없는 그런 때가 올 것이다."

일론 머스크(Elon Musk) 테슬라 창업자가 2016년에 〈매일경제〉와의 인터뷰에서 한 말이다. 그는 2002년에 우주로켓기업인 스페이스X를 설립했다. 어릴 적에 꿈꾼 우주여행 계획을 실현해보고 싶은 목표를 이루기 위해서였다. 그가 처음에 화성이주 계획을 발표했을 때 많은 사람들이 그의 말을 의심하고 몽상가라고 비웃었다. 하지만 그 이후의 성과를 보면 그의 꿈이 몽상이 아니고 구체적인 목표였음을 알수 있다. 스페이스X는 우주정거장에 화물을 실어 나를 수 있는 우주선을 개발하는 데 성공했고, 2018년 2월 7일에는 자체 개발한 팰컨헤비 로켓을 우주로 발사했다. 그는 발사 성공 후 "2024년에는 로켓크기를 더 키워서 유인 탐사선 레드 드래건을 싣고 화성으로 발사할것이다"라고 선언했다.

목표가 구체적이지 않으면 몽상이 된다. 목표는 구체적일 때 실행가능성이 있다. 구체적이라는 것은 '언제 어느 수준까지 해낼 것인가?'를 정하는 것이다. 이것을 명확히 선언하지 않으면 목표가 아니다. 머스크의 화성이주 계획이 몽상이 아닌 이유는 '언제 어느 수준까지해낼 것인가?'가 명확하기 때문이다.

또한 혼자 마음속으로 생각하거나 말로만 표현한 것도 목표가 아니다. 문서로 작성되고 상사와 공유된 것만 목표가 된다. '고객만족을 극대화하겠다'라고 마음속으로 생각했다고 해서 목표가 되지는 않는다. '9월에 고객만족 서베이를 실시하여 90점 이상을 획득한다'라고 문서로 작성해서 상사와 공유해야만 목표가 된다. 마찬가지로 '영업매출을 향상시키겠다'라고 마음먹는 것도 목표가 될 수 없다. '2018년에는 2017년 대비 10% 영업매출 신장을 이룬다'라고 구체적인 내용이 문서로 작성되어야 목표가 된다.

∴ 리더처럼 일해야 리더가 된다

내가 예전 직장에서 인사팀장으로 있었을 때의 일이다. 어느 날 나는 인사팀에서 채용을 담당하는 K 대리에게 입사지원서 양식을 수정하라고 지시했다. 기존의 양식이 글로벌 기업이라는 이미지에 맞지 않게 너무 진부해 보였고, 종교·취미·특기·가족사항 등 불필요한 정보를 너무 많이 요구하고 있다고 생각했기 때문이다. 그런데 일주일이 지나도록 K 대리에게서 아무런 피드백이 없었다. 기다리다 못해 내가 수정작업이 늦어지는 이유를 묻자 K 대리는 "강북지점장이 요청한 계약직 채용을 마치는 대로 수정하겠습니다"라고 대답했다. 그러면서 '왜 시급하지도 않은 입사지원서 수정작업을 재촉하는지 이해 못하겠다'는 표정을 지었다. 팀장인 나로서는 당장의 채용이 며칠 연기되는 것보다는 지원자들에게 비치는 회사의 이미지 손상이 더 중요하다고 보았기 때문에 지시한 일이었다. 내가 기대하는 K 대리의 핵심 업무는 당장의 실무 처리가 아니라 채용 프로세스의 개선 등 실질적인 개선이 일어나는 일들이었다. K 대리는 팀장과 조직의 우선순위를 이해 못하고 있었던 것이다.

조직과 상사의 목표를 이해하지 못하는 사람은 고객의 생각도 읽지 못할 가능성이 높다. 팀 목표의 우선순위에 동의하지 못하는 사람은 역할과 책임에 대한 이해가 부족하기 때문이다. 업무의 확장이 두려워 자신의 직무에 대한 정의를 스스로 축소하고 있을지도 모른다.

예를 들어 영업사원의 업무목표는 개인적인 영업실적 달성만이 아니다. 영업사원의 궁극적인 가치는 회사 전체의 영업목표 달성에 일정 정도 공헌했을 때 빛을 발한다. 자신의 업무목표를 개별적인 월간 영업실적 달성에 한정하는 사람은 리더가 되기 어렵다. 자신의 이번 달 영업실적에 약간의 피해가 있더라도 영업본부 전체 목표에 도움이 되는 일이라면 발 벗고 나설 줄 알아야 한다. 예를 들어 영업팀장이 '새롭게 등장하는 경쟁사의 정보를 파악해보라'고 지시했다면 이 업무를 우선 처리할 필요가 있다. '내 영업실적 달성하기도 바쁜데 경쟁사 분석할 시간이 어디 있나?'라고 생각하는 것은 옳지 않다.

비슷한 예를 하나 더 들어보자. 회계팀에서 비용 처리를 담당하는 직원이 있다. 그 직원의 궁극적인 업무목표는 단순히 경비 지출업무를 실수 없이 처리하는 것이 아니라, 경영진에게 재무정보를 제공하는 회계팀의 역할을 돕는 일이다. 이렇게 업무목표를 높은 수준에서 정의하지 못하면 일에 대한 시각이 자기중심적이 된다. 예를 들어 회계팀장이 '과거 3년간의 비용 처리내역을 비교 · 분석해주세요'라고 지시했다면 모든 일에 우선해서 이 일을 먼저 처리하는 것이 좋다. '왜 평소에 한 번도 안 시키던 일을 시키시는 거야? 오늘 처리할 비용이 산더미인데'라고 무턱대고 불만을 갖는 태도는 바람직하지 않다.

조직에서의 우선순위는 '조직의 목표'다. 직원들의 개별적인 업무는 조직의 목표에서부터 체계적으로 세분화된다. 조직의 성과에 공헌하지 않는, 개인의 독립적인 일이란 없다. 내가 생각하는 일의 우선순위는 '상사와 조직의 관점'에서 점검되어야 한다. 개인의 전문성과 일의 영역은 조직이 요구하는 체계 안에서 판단하는 것이다. 나의 전문적인 성과는 조직의 성과에 얼마나 가치 있는 공헌을 했느냐로 평가 받는다. 일의 확대는 조직 내에서 나의 공헌도가 확대된다는 의미다.

팀장의 시각으로 일해야 팀장이 될 수 있다. 임원의 시각으로 일해야 임원이 될 수 있다.

06
'일을 잘한다'보다는
'성과가 좋다'는 말을 들어야 한다

새로 입사한 직원이 있다. 그 직원은 팀장이 시키는 일에 실수를 하는 법이 없다. 아침에도 일찍 출근하는 성실한 직원이다. 우리는 이 신입사원에게 성과가 좋다라고 말할 수 있을까? 아닐 것이다. '일을 잘한다'라고 할 수는 있어도 '성과가 좋다'라고 말하지는 않는다. 직장인이라면 누구나 '성과가 좋다'라는 말을 듣고 싶어 한다. 상사에게서 이런 말을 자주 듣는 사람도 있고, 한 번도 들어보지 못한 사람도 있을 것이다. 당연히 '성과가 좋다'라는 말을 자주 듣는 사람이 승진도 빠르고 연봉도 높다.

'일을 잘한다'는 '개인'의 관점이다. 반면에 '성과가 좋다'는 철저히 '회사'의 관점이다. '일을 잘한다'는 개인이 평가할 수 있지만, '성과가 좋다'는 철저히 회사와 상사만이 평가할 수 있다. 그렇다면 '성과가 좋다'라는 말은 언제 들을 수 있을까? 성과는 조직의 최종 목표에 직접적이거나 간접적으로 기여하는 것을 말한다. 예를 들어 영업을 잘해서 매출을 증가시키는 것은 조직의 목표에 직접적으로 기여하는 좋은 성과가 된다. 이에 비해 간접적으로 조직의 목표에 기여하는 성과도 많다. 예를 들어 새로운 영업 인센티브 제도의 시행은 조직의 목표에 간접적으로 기여하는 성과가 된다. 새로운 제도가 잘 시행되면 영업사원의 영업활동이 활발해져서 매출이 증가할 수 있기 때문이다.

∴ 성과는 눈에 보이고 손에 잡혀야 한다

"사람들은 집중이란 자신이 초점을 맞추고 있는 일에 YES라고 말하는 것이라고 생각한다. 하지만 집중이란 이런 뜻이 전혀 아니다. 집중은 다른 수백 가지의 좋은 아이디어에 NO라고 말하는 것이다. 당신은 한 가지를 신중하게 골라야 한다. 나는 우리가 해왔던 일만큼 하지 않았던 일들에 대해서도 자부심을 갖고 있다. 혁신이란 1,000가지일에 대해 NO라고 말하는 것이다."

스티브 잡스가 한 개발자 회의에서 했던 말이다. 성과를 못 내는 사람은 무엇을 선택하고 무엇을 포기해야 할지를 모른다. 모든 일을 어중간하게 끌고 가고 결과도 어중간하다. 개인이 가지고 있는 자원은 비슷하다. 비슷한 실력과 전문성을 가지고 있는 사람 간에 성과가 크게 차이 나는 이유는 자원의 활용방법이 다르기 때문이다. 개인은 모두 비슷한 체력, 에너지, 시간을 가지고 있다. 똑같은 자원을 누구는 산만하게 분산시키고, 누구는 한두 가지 핵심 업무에 집중함으로써 성과가 극명하게 갈리게 된다.

따라서 성과를 내기 위해서는 한두 가지 핵심 업무만 선택하고 나머지는 과감히 포기해야 한다. 선택한 핵심 업무에는 개인의 자원을 집중적으로 투입해야 한다. 그래야 '가시적인 성과'가 난다. 모든 것을 잘해보려고 하다가는 아무것도 못하게 된다. 한두 가지의 가시적인 성과를 내지 못하면 아무리 열심히 일해도 회사의 인정을 받지 못한다.

일을 할 때는 항상 가시적인 성과를 염두에 두어야 한다. 가시적인 성과는 '눈에 보이는 것, 손에 잡히는 것'이다. '나는 왼손이 하는 일을 오른손이 모르게 한다', '나는 음지에서 일하고 양지를 지양한다'라는 사고방식은 멋있어 보일지는 몰라도 회사에서 일하는 올바른 태도는 아니다. 눈에 보이고 손에 잡히는 성과를 내야 하는 것은 당신의 인생철학의 문제가 아니라 당신의 역할이고 책임이다. 반드시 회사에 구체적인 기여를 해야 하고 그것을 자랑스럽게 드러내야 한다.

∴ 당신의 우군이 있는가?

나폴레온 힐은 그의 저서《나의 꿈 나의 인생(Think and Grow Rich)》에서 '마스터마인드 동맹(Mastermind alliance)'을 성공의 중요한 법칙으로 설명한다. 마스터마인드 동맹은 '둘 이상이 모여서 서로 정신적으로 공감하고 성공을 위해 진심으로 협력해나가는 사람들'을 말한다. 이 책에서는 대표적으로 앤드류 카네기의 사례를 소개한다. 카네기는 "나의 성공 뒤에는 주위에 있는 50명으로 구성된 마스터마인드 동맹이 있었다"라고 말했다.

당신의 주위에는 당신을 지원하고 지지해주는 우군이 있는가? 우군은 상사일 수도 있고 동료일 수도 있다. 일을 하다보면 많은 돌발적인 문제에 부딪히게 되는데, 이때 문제를 해결하는 데 조언과 도움을 주는 사람이 필요하다. 혼자 모든 변수를 해결하기는 어렵다. 당신이 오너십을 가지고 일을 하더라도 당신을 지원하는 협력자가 반드시 필요하다. 그러한 우군이 없으면 조그만 어려움에도 좌절하거나 포기하기 쉽다.

우군은 당신과 인간적으로 친한 사람이 아니다. 우군은 당신에게 문제가 생겼을 때 자발적으로 전문적인 조언과 지원을 할 수 있는 사람을 말한다. 우군을 만들기 위해서는 신뢰관계를 축적하기 위한 노력이 중요하다. 신뢰는 전문성을 보여주었을 때 생기므로, 다른 사람에게 문제가 생겼을 때 당신이 자발적으로 나서서 전문적인 도움을 주어야 한다. 이러한 사례가 축적되면 도움을 받은 사람들이 당신의 전문성을 신뢰하게 되고, 고마운 마음을 가지고 있다가 나중에 우군이 된다.

∴ 정면 돌파가 최선이다

예일대학교의 올슨(Olson) 교수와 베버(Bever) 교수는 지난 50년간 포춘 100대 기업에 선정된 총 503개 기업들의 흥망사를 분석해보았다. 분석결과 전체 기업의 24%만이 지속적으로 성장한 반면, 나머지 76%는 결정적인 위기를 극복하지 못하고 쇠락했다. 위기나 장애물을 극복한 기업은 살아남았고, 이를 극복하지 못한 기업은 도태된 것이다. 부즈앤컴퍼니의 연구에 의하면 위기와 장애를 극복한 기업에는 3가지 특징이 있었다. 첫째는 위기를 극복할 수 있다는 긍정적인 사고이고, 둘째는 강력한 추진력, 셋째는 위기를 성장기회로 삼는 회복력이다. 요약하면, 위기를 회피하지 않고 정면으로 대응한 기업들이 살아남았다.(포스코경영연구소의 보고서(2009.4.14.) 내용 중 예일대 보고서 및 부즈앤컴퍼니 보고서 내용 일부를 재인용)

기업과 마찬가지로 개인도 일하면서 위기와 장애물을 만난다. 목표로 향하는 길에는 온통 장애물과 훼방꾼투성이다. 이런 불리한 환경은 여러 형태로 나타난다. 예를 들어 회사의 지원이 갑자기 끊기기도 하고, 다른 부서의 협조가 느슨해지기도 한다. 팀 내에서 갈등이 생기고 반대자가 나타나기도 한다. 시장에서 갑자기 경쟁자가 나타나기도 하고 불리한 법률이 만들어지기도 한다.

개인이 장애를 극복하는 방식은 성공한 기업의 방식과 같다. 장애물에 '정면으로 맞서는 것'이다. 장애물을 피하거나 우회하지 말아야 한다. 정면으로 대응하기 위해서는 장애를 '공식적으로 노출'시켜야 한다. 피하거나 우회할 방법을 찾기 시작하면 일이 복잡해지는 경우가 많다. 장애는 장애로서 인정하고 직접 타고 넘을 방법을 찾아야 한다. 장애가 공식화되면 주변에서 도와주는 사람이 생길 수도 있다. 숨겨진 장애물은 나만의 장애물이 되지만, 노출된 장애물은 많은 사람의 장애물로 인식되기도 하기 때문이다.

장애물에 정면으로 대응하면 학습을 할 수 있다. 장애물이 생긴 이유도 알 수 있고, 장애물을 넘는 방법도 배울 수 있다. 장애를 회피한다면 이런 학습의 기회를 놓치게 된다. 어차피 성공할 수 없는 일이라면 학습이라도 해야 한다. 장애를 학습의 기회로 삼으면 실패 후에라도 다른 방법을 찾아낼 수 있다.

07
간섭은 피하고
피드백은 받아라

우리가 일에 몰입하지 못하는 이유는 하고 있는 일에 대한 확신이 없기 때문이다. 확신이 없으면 일의 방향도 결과에도 의심을 하게 된다. 따라서 일을 할 때는 먼저 다음과 같은 질문에 대한 답을 찾아야만 지속적으로 몰입할 수 있다.

- 내가 하고 있는 일이 회사에 공헌을 하고 있기는 한가?
- 상사의 우선순위가 무엇이었나?
- 내가 엉뚱한 일에 집중하고 있지는 않을까?
- 나는 잘하고 있는 것 같은데, 상사도 그렇게 생각할까?

이런 질문에 대한 답을 해줄 수 있는 사람은 누구일까? 바로 당신의 '상사'다. 정확한 답은 당신 자신도, 당신의 동료도 모르는 경우가 많다. 상사에게서 답을 찾아야 하는 이유는 상사가 바로 그 일의 방향을 설계하고 있기 때문이다.

회사의 큰 목표는 변하지 않지만 목표를 달성하기 위한 일의 우선순위는 수시로 변한다. 그 우선순위의 변화를 가장 먼저 알고 있는 사람이 당신의 상사다. 당신이 모르는 사이에 이미 하고 있는 일에 대한 변수가 생겼을 수 있으므로 중간중간 상사에게서 확인과 조언을 받는 노력을 해야 한다.

상사에게서 받은 확인과 조언을 '피드백'이라고 한다. 상사가 해주는 시의적절한 한마디의 피드백이 당신이 하고 있는 일의 방향을 바로잡아줄 것이다. 이때 피드백을 해주는 것은 상사의 역할이지만, 그 피드백을 받기 위해 적극적으로 노력하는 것은 당신의 몫이다. 상사가 아무 요청도 하지 않는 직원을 찾아가서 피드백을 해주기는 어렵다.

∴ 먼저 움직이지 않으면 간섭을 받는다

내가 일하면서 제일 싫어했던 것이 '상사의 간섭'이다. 상사의 간섭을 좋아하는 사람은 없겠지만, 나는 특히 전략적으로 간섭을 피해나갔다. 그 전략이란 '상사보다 한 발 앞서서 움직이는 것'이었다. 회의도 내가 먼저 상사에게 요청하려고 노력했고, 상사가 임원회의 등을 다녀오면 내가 먼저 '오늘 회의 안건이 무엇이었나요?'라고 질문하곤 했다.

이런 일하는 방식을 실천하기는 그리 어렵지 않다. 조금만 더 관심을 가지고 조금만 더 빨리 움직이면 된다. '내가 먼저' 요청한 회의에서 '내가 먼저' 질문을 하면 상사는 대부분 친절하게 답변을 해준다. 이렇게 내가 '주도적으로' 움직인다는 인식을 심어주면 상사가 꼬치꼬치 내 일에 간섭하는 상황이 현저히 줄어든다.

'간섭'은 당신이 수동적으로 일할 때 나타나는 상사의 '부정적인 반응'이다. 당신이 주도적으로 일하지 않거나 엉뚱한 방향으로 가고 있으면 상사는 간섭을 하게 된다. 팀의 우선순위를 확인하지도 않고 자신의 판단으로 행동할 때 간섭이 일어난다. 간섭은 또 다른 간섭을 부르고, 간섭이 늘어날수록 '수동적으로' 행동하게 되는 악순환이 반복된다. 동기부여는커녕 좌절하기 십상이다.

반면에 '피드백'은 당신이 주도적으로 일할 때 나타나는 상사의 '긍정적인 반응'이다. 피드백은 상사가 당신의 질문에 답변을 해주고, 함께 일의 방향성을 논의하고 조언해주는 것을 말한다. 팀의 우선순위를 확인시켜주고, 새롭게 나타난 변수를 알려주기도 한다. 상사의 긍정적인 피드백을 받으면 동기부여가 되고 관심을 받는다는 안도감도 든다.

당신의 상사가 다른 상사에 비해서 간섭을 심하게 하는 스타일일 수도 있다. 이런 경우일수록 더욱 주도적으로 행동해야 한다. 이런 상사들이 오히려 직원을 한 번 신뢰하면 그 직원에게 더 의지하는 경향을 보이기도 한다. 상사가 간섭을 많이 하는 이유는 부하를 신뢰하지 못하기 때문이다. 그래서 수동적으로 일하는 직원에게 더 많은 간섭을 하게 된다. 반면에 주도적으로 일하는 직원에게는 더 많은 신뢰를 주고, 아예 일을 위임하기도 한다. 결국 상사에게서 간섭을 받을 것인가, 피드백을 받을 것인가는 당신의 일하는 방식에 달려 있다.

∴ 방법을 질문하지 말고 방향을 질문하라

불량품에 대한 고객 컴플레인이 발생하면 고객팀 팀장은 해당 사실을 담당 직원에게 알리고 문제해결을 지시한다. 상사에게서 이런 지시를 받았을 때 일을 처리하는 유형에는 다음 3가지가 있다.

- A 유형 : "어떻게 해야 할지 말씀해주십시오."
- B 유형 : "1안과 2안을 만들었습니다. 어떤 안이 좋을지 선택해주십시오."
- C 유형 : "1안과 2안을 만들었습니다. 제 의견은 1안인데, 1안으로 하도록 하겠습니다."

A 유형은 일하는 자세가 지나치게 수동적이다. 상사는 이 직원의 일거수일투족을 통제할 수밖에 없다. 모든 상사는 '스스로 간섭을 유발하는' 이런 유형의 직원을 제일 싫어한다. 성과가 없는 직원들이 대부분 이렇게 일한다.

B 유형은 A 유형보다는 낫지만 역시 일하는 자세가 수동적이다. A 유형 정도는 아니겠지만 상사의 간섭을 피해갈 수 없다. 위의 사례에 서라면 상사는 하나의 안을 선택하고 나서 구체적인 이행방법을 지시할 것이다. 또한 직원이 제시한 안을 수정해버릴 수도 있다.

C 유형은 일을 주도적으로 하는 자세다. 대부분의 상사가 C 유형의 직원을 제일 좋아한다. 설사 직원이 제시한 1안이 마음에 들지 않더라도 질책하지 않고, 일단 적극적으로 의견을 경청한 뒤에 긍정적인 피

드백을 해준다. 중요한 것은 일하는 방식이다. C 유형처럼 주도적으로 일하는 방식은 상사의 빠른 의사결정을 가능하게 한다. 이런 사례가 축적될수록 상사는 그 직원의 일하는 방식을 점점 더 신뢰하게 된다.

방법을 묻는 부하직원의 질문은 상사의 간섭을 유발한다. "어떻게 하면 좋을까요?"라고 질문하면, 상사는 "택시 타지 말고 버스 타고 가세요"처럼 아주 구체적인 방법까지 간섭하려 들 것이다. 상사가 시시콜콜한 방법까지 간섭하는 이유는 당신의 요청이 잘못되었기 때문이다.

∴ 상사를 불안하게 하면 간섭을 부른다

일을 맡아 진행하면서 말로만 "걱정하지 마세요. 잘하고 있습니다"라고 하면 상사는 불안해진다. 상사는 원래 걱정이 많다. 직원들이 시간만 다 쓰고 엉뚱한 결과를 가져올지 모른다고 생각하기 때문이다. 상사의 불안을 잠재우기 위해서는 일하는 중간에 작은 성취를 보여줘야 한다. 적절한 시점에 일의 진행상황을 보여주면 상사를 안심시키게 되고 긍정적인 피드백과 지원을 받게 된다.

이처럼 일을 할 때는 중간에 한 번은 상사에게서 피드백을 받는 습관을 들여야 한다. 또 일의 진척사항은 실시간으로 업데이트되고 공유되어야 한다. 중간에 피드백을 요청할 때 중요한 것은 '타이밍'이다. 최종 보고를 기준으로 50% 정도 진행되었을 때 반드시 한 번 피드백을 요청해야 한다. 이것이 상사가 방향성에 대해 조언해줄 수 있는 가장 좋은 시점이다. 일이 50% 이상 진척된 후에 피드백을 요청하면 방향이 잘못되었더라도 바로잡기가 어렵고, 중간에 너무 자주 피드백을 요청하면 자칫 상사의 눈에 수동적으로 비칠 수 있기 때문이다. 또한 일을 완벽히 마무리한 후에 결과를 보고하는 것 역시 상사에게서 긍정적인 피드백을 받는 데 있어서 결코 좋은 방식이 아니다.

일의 피드백을 받는 것은 하나의 의사소통 방식이기도 하다. 일은 팀으로 하는 것이다. 일의 성과는 상사와의 팀워크 결과다. 팀워크는 당신의 질문과 상사의 피드백으로 이루어진다. 상사에게서 좋은 피드백을 얻어내는 것은 당신이 갖춰야 할 매우 중요한 역량이다. 상사의 확인과 조언은 일에 대한 확신을 갖게 하고 더욱더 일에 몰입하게 해 준다.

08
하고 싶은 일을 해야
행복하다는 말은 거짓말이다

하고 싶은 일을 하는 사람은 행복하다고 한다. 그래서 좋아하는 일을 찾아서 하라고 한다. 하지만 이런 충고는 별로 도움이 되지 않는다. 세상은 하고 싶은 일이 아니라 해야 할 일로 넘쳐날 뿐이다. 현실적으로는 '해야만 하는 일을 잘해내는 사람'이 행복할 가능성이 더 많지 않을까?

학생이라면 자신이 하고 싶은 일과 좋아하는 일을 적극적으로 찾아나서는 것이 맞다. 하고 싶은 일과 좋아하는 일 중에서 장래의 직업을 찾아야 공부할 때 동기가 생기고 성적도 잘 나온다. 그런데 거기까지다. 대학에서 공부를 마치고 사회에 나오면 더 이상 하고 싶은 일을 고집할 수 없다. 그것이 현실이다.

원하는 일을 하게 되었고, 원하는 대기업에 취업했다고 해서 매일 하고 싶은 일만 할 수는 없다. 오히려 이때부터는 하루 종일 해야만 하는 일을 찾아다녀야 하는 경우가 더 많다. 조직과 회사가 가치 있다고 생각하는 일을 찾아서 성과를 내야 하기 때문이다. 인정을 받고 성과를 내는 사람들이 모두 자신이 하고 싶은 일만 하고 있지는 않다. 또 하고 싶은 일을 한다고 해서 반드시 성과가 나는 것도 아니다. 성과를 내는 사람의 특징은 '하고 싶은 일'에 너무 집착하지 않고, '해야만 하는 일'에 역량을 집중한다는 것이다.

∴ 하고 싶은 일만 하려면 떠나야 한다

얼마 전 국내 기업에서 인사팀장으로 있는 지인에게서 들은 이야기다. 그 해 신입사원 공채를 통해 50여 명을 채용하고, 각 부서에 배치하기 전에 연수원에서 합숙훈련을 진행하고 있을 때 한 신입사원의 어머니에게서 한 통의 전화를 받았다고 한다. 그 어머니는 딸을 채용해줘서 고맙다는 인사를 하고 나서, 연수 후에 있을 부서 배치와 관련해 이런 부탁을 했다고 한다.

"우리 딸이 소프트웨어를 전공했어요. 최근에는 인공지능에 대해서 관심이 많아서 인공지능 관련 일을 하고 싶어 합니다. 이런 일을 할 수 있는 부서로 배치해주시면 감사하겠습니다."

그 지인은 황당한 생각이 드는 한편, 그 신입사원에 대해 2가지 측면에서 실망감이 생겼다고 했다. 우선, 아직도 부모님 그늘에서 못 벗어나고 있는 나약함 때문이었다. 또 하나는 그 신입사원이 여전히 '하고 싶은 일'을 찾고 있다는 사실 때문이었다. 회사가 소프트웨어 전공자에게 영업을 맡기지는 않을 것이다. 당연히 소프트웨어개발팀에 배치되겠지만, 팀 내에서 세부적으로 어떤 업무를 맡길지는 해당 팀의 관점에서 판단할 문제다. 그 지인은 "따님의 전공을 고려해서 적절하게 판단하겠습니다"라는 의례적인 답을 할 수밖에 없었다고 한다.

나는 대학 신입생의 부모가 수강신청을 대신 해준다는 이야기는 들어봤지만, 신입사원 부모님이 회사에 전화를 한다는 소리는 그때 처음 들었다.

일을 바라보는 시각은 매우 중요하다. 자신에게 주어진 일을 어떤 관점에서 바라보고, 스스로에게 어떤 질문을 하느냐에 따라 일하는 방식이 달라지고 일에 대한 몰입과 성과에서 큰 차이가 생기기 때문이다. 항상 스스로에게 '나는 무엇을 하고 싶은가?'라는 질문만을 하는 직원은 다음과 같은 기준으로 일을 구분한다.

> •쉬운 일 vs 어려운 일
> •좋아하는 일 vs 싫어하는 일

이런 직원은 쉬운 일과 좋아하는 일만 하려고 한다. 일의 시급성이나 중요성을 주관적으로만 판단하고, 자신의 선호도에 따라서 일을 가려서 하려고 한다. 그로 인해 회사나 상사의 요구사항과는 동떨어진 결과를 만들어내기도 한다.

반면에 스스로에게 '나는 무엇을 해야 하는가?'라는 질문을 하는 직원은 다음과 같은 기준으로 일을 구분한다.

> - 회사에 이익이 되는 일 vs 회사에 손해가 되는 일
> - 미래에 기회가 되는 일 vs 위험을 초래하는 일
> - 해야만 하는 일 vs 해서는 안 되는 일

이런 직원들은 어려운 일이나 위험한 일이라고 꺼리는 법이 없다. 일을 회사의 입장에서 바라보고, 회사에 이익이 된다면 하기 싫은 일도 기꺼이 한다. 미래에 기회가 되는 일이라면 어려운 일도 마다하지 않고 해낸다. 회사나 상사가 인정할 만한 성과가 날 수밖에 없다.

∴ 만나야 하는 사람 vs 만나고 싶은 사람

우리가 만나는 사람은 크게 2가지 유형으로 구분할 수 있다. '만나고 싶은 사람'과, 꼭 만나고 싶지는 않지만 '만나야 하는 사람'이다.

친구와 애인은 '만나고 싶은 사람'이다. 우리는 아무하고나 친구나 애인 관계를 맺지는 않는다. 개인마다 차이는 있겠지만, 일반적으로 나와 비슷한 성향, 성격, 행동습관을 가진 사람과 친구 또는 애인이 될 확률이 높다. 그들은 만나면 편하고 의지가 되는 사람들로, 나의 허물을 덮어주거나 약점을 감싸주기도 한다. 이런 사람들을 만날지 안 만날지에 대한 판단은 전적으로 나의 주관적인 선호와 판단에 달려 있다.

반면에 '만나야 하는 사람'은 누구일까? 내가 공적으로 직장에서 만나는 사람들은 대부분 '만나야 하는 사람'에 해당한다. 즉, 내가 그들을 좋아하건 싫어하건 직장에서 주어진 나의 역할과 책임을 수행하기

위해서는 반드시 만나야 하는 사람들이라는 의미다. 회사에서 만나는 상사, 동료, 고객, 바이어, 정부기관 사람 등은 모두 공적인 관계로 만나는 사람들이다. 그들을 만날지 안 만날지에 대한 판단은 나의 주관적인 선호가 아니라 다음과 같은 기준에 따라야 한다.

- 그 사람과의 만남이 회사에 이익이 되는가?
- 만나는 사람이 문제해결에 도움이 되는가?
- 중요한 미래의 기회를 제공해주는 사람인가?

상사나 동료들과 친하게 지내는 것은 좋은 일이다. 가급적 그들과 편하고 유쾌한 관계를 만들기 위해 노력할 필요는 있다. 하지만 본질적으로는 한계가 있다. 따라서 공적인 인간관계에서는 감정적인 기쁨이나 만족을 얻으려 하기 보다는, 합리적이고 건강한 관계를 설정해나가는 것이 바람직하다.

공적으로 '만나야 하는 사람'은 불편할수록 적극적으로 만나야 한다. 만남이 불편하다는 것은 그만큼 중요한 일에 연관된 사람이기 때문일 수 있다. 일을 하면서 사람을 가려서 만날 수는 없다. 사람을 가린다는 것은 일을 가려서 하겠다는 의미와 다를 바가 없다. 편안하고 즐거운 만남에서 중요하고 핵심적인 의사결정이 일어나는 경우는 거의 없다. 당신이 중요하고 핵심적인 업무를 맡게 될수록 점점 더 어렵고 불편한 사람들을 만나게 된다. 이것은 당신이 성장하고 있다는 의미일 수도 있다.

Chapter 5

8

학습과 훈련을 멈추는 순간
성장도 멈춘다

01
'지식의 반감기'가
짧아지고 있다

다음과 같이 2명의 3년차 직원이 있다. 당신이 경영자라면 어떤 사람에게 일을 맡기겠는가?

- 직원 A : 우수한 학교의 MBA 출신. 은연중 학력을 내세움. 몇 년째 일하는 방식은 학생 티를 벗어나지 못하고 성과가 나아지지 않음
- 직원 B : 비명문대 출신. 질문이 많음. 책을 많이 읽음. 몇 년 사이 학생 티를 완전히 벗고 성과를 내기 시작했음

회사에서는 당연히 학습능력이 우수한 직원 B를 선호한다. 학습능력이 우수한 직원이란 매일 일하는 방식이나 성과가 점점 나아지는 직원을 말한다. 회사에서 학력이나 근속연수보다 잠재능력과 학습능력을 중시하는 데는 이유가 있다. 회사의 경영이 '미래'를 향해 있기

때문이다. 기업은 매일 성장하는 직원이 회사의 미래에 더 도움이 될 것이라고 본다.

직장에서의 학습의 목적은 '행동의 변화'에 있다. 단순한 지식의 축적은 별 의미가 없으며, 지식의 축적 역시 행동의 변화를 목적으로 해야 한다. 행동의 변화는 일하는 방식의 변화를 말한다. 일하는 방식의 변화는 성과의 변화로 이어진다.

∴ 죽은 지식과 경험은 필요없다

"과학 계량학 연구에 의한 방대한 과학적 지식이나 사실은 일정한 시간이 지나면 쓸모가 없거나 오류로 판명된다. 과학적 지식은 절반 정도가 쓸모 없게 되는 시점인 '지식의 반감기'가 도래한다."

하버드대학교의 새뮤얼 아브스만(Samuel Arbesman) 박사가 그의 저서 《지식의 반감기(The half-life of facts)》에서 한 말이다. 원래 반감기는 방사성 동위원소의 독특한 성질이다. 방사성 동위원소는 원자핵으로부터 특정 에너지(방사선)를 발산하며 안정된 원소로 변해 간다. 이때 방사성 동위원소의 절반이 모두 안정한 원소로 변한 시점을 반감기라고 한다. 새뮤얼 아브스만은 지식의 절반이 무용지물이 되는 '지식의 반감기'가 빨라지고 있다고 지적한다. 그는 책에서 학문별로 지식의 반감기를 물리학 13.07년, 경제학 9.38년, 수학 9.17년, 심리학 7.15년, 역사학 7.13년, 종교학 8.76년으로 계산했다.

미래학자인 최윤식과 김건주 역시 공저한 《2030 기회의 대이동》을 통해 지식의 빠른 변화를 강조하고 있다. 그들은 현재의 기술발달 추세가 '티핑 포인트(Tipping Point)'에 진입해 있다고 분석한다. 티핑 포인트는 어떠한 현상이 서서히 진행되다가 어떤 요인에 의해 한순간에 폭발하는 현상을 말한다. 그들은 지금의 기술 발달 추세를 다음과 같이 분석하고 있다.

'지난 100년간 기술의 발달은 인류 역사 전체의 기술 발달을 뛰어넘는 수준으로 진보했다. 그런데 미래 사회의 기술 진보의 속도는 지난 100년의 기술 발달의 속도를 뛰어넘을 것이다. 지난 100년 동안 이루었던 모든 것을 20년 만에 이룰 수 있고, 그만큼의 발전을 다시 14년 만에, 그 다음에는 7년 만에 해낼 수도 있다. 정신을 차릴 수 없을 만큼 엄청난 속도다.'

그야말로 지식과 정보가 폭발하는 시대다. 이런 시대에 기업은 정체되어 있는 직원을 환영하지 않는다. 과거의 학력과 지식은 잊어라. 지금 눈앞에 있는 문제를 해결하는 데 도움이 안 된다면 그런 지식과 기술은 필요가 없다. 창의와 혁신을 일으키지 못하는 죽은 지식과 경험도 필요 없다.

∴ 작은 것이 큰 것을 이기는 시장이 되고 있다

과거에 기업들은 핵심적인 인기 상품만을 대량생산하는 데 주력했다. 마케팅 역시 인기 상품과 베스트셀러 위주로 이루어졌다. 소비자들도 기업의 주력 상품이나 베스트셀러에만 집착했다. 독특한 상품을 소량으로 생산하는 기업들은 설 자리가 없었다. 과거 백화점 같은 오프라인 매장 위주로 상품이 유통되던 시기에는 이런 니치(Niche) 상품들은 진열할 장소조차 마땅치 않았다. 소비자들은 그만큼 다양한 상품에 접근하기가 어려웠다.

하지만 지금은 다르다. 소량 생산되는 독특한 상품들도 온라인에 얼마든지 진열할 수 있게 되었다. 소비자들도 온라인에서 독특한 취향의 상품을 구매하기 쉬워졌다. 나아가 세상에 있는 모든 상품을 쉽게 접근할 수 있게 되었다. 기업들이 독특한 취향의 소수의 제품도 다양하게 생산해야 하는 시대가 된 것이다. 과거처럼 핵심적인 1~2개의 히트 상품이 매출의 대부분을 차지하는 일은 없어졌다.

이러한 다양성이 강화되는 시장현상을 설명하는 이론이 '롱테일의 법칙(Long tail theory)'이다. 롱테일의 법칙은 '사소한 다수가 핵심적인 소수보다 더 많은 가치를 만들어낸다'는 이론이다. 이는 '80대20 법칙'과는 배치되는 개념이다. '80대20 법칙'은 20%의 상품이 총매출의 80%를 차지하고, 20%의 충성고객이 총매출의 80%를 차지한다는 이론이다. 롱테일의 법칙이 적용되는 시장에서는 '80대20 법칙'과는 반대되는 현상이 일어난다. 예를 들어 아마존의 책 판매수익을 보면, 소수의 베스트셀러 판매액보다 인기 없는 다수의 책 판매액이 더 많다. 구글의 광고수익을 보면, 소수의 대기업에서 받는 광고수익보다 다수의 소규모 업체에서 얻는 광고수익이 더 많다.

그렇다면 롱테일의 법칙과 학습과는 어떤 연관이 있을까? 롱테일의 법칙이 적용되는 사례가 많아질수록 기업과 개인은 공부를 더 많이 해야 한다. 시장의 기회가 다양해졌기 때문이다. 소비자의 기호가 다양해지고 경쟁자의 진입이 쉬워졌다는 의미다. 다양한 니치 상품에 대한 공부를 더 해야 한다. 과거에는 히트 상품에 대한 공부만 하고 그 상품에 대한 품질관리만 하면 되었다. 하지만 지금은 과거에는 없던 시장과 소비자를 찾아내야 하는 시대다. 소수의 독특한 고객을 향한 상품을 개발해내야 하고, 그들을 향한 마케팅 활동을 해야 한다. 의사결정은 더 많아지고 대응해야 할 변수들도 많아졌다.

∴ 메디치 효과를 누리고 싶다면

프란스 요한슨은 그의 저서 《메디치 효과》에서 '학문과 기술의 융·복합이 창조의 원천'이라고 강조한다. 메디치 가문은 15세기 유럽의 르네상스를 가능하게 한 이탈리아의 명문가다. 메디치 가문은 수많은 과학자, 조각가, 화가, 시인, 철학자를 후원했으며, 그들의 전폭적인 지원으로 이탈리아 피렌체에 많은 창조적인 사람들이 모여들었다. 당대의 많은 인물들이 피렌체에서 모여 서로의 벽을 허물고 지식과 기술을 활발하게 융합하고 연결했다. 레오나르도 다빈치, 미켈란젤로, 단테 등이 모두 그 시대에 태어난 인물들이다. 그들의 창조적인 활동은 피렌체를 르네상스의 중심으로 만들었다. 이처럼 서로 다른 지식이나 기술이 서로 융합하고 연결되어 창의성이 일어나는 현상을 '메디치 효과(Medici effect)'라고 한다.

현재 진행되고 있는 혁명적인 기술 진보는 모두 기술과 학문의 융합을 통해서 이루어지고 있다. 전문성은 더욱 세분화·고도화되고 있으며, 학문과 기술은 더욱 빠르게 융합해나가는 절차를 밟고 있다. 이런 시대에는 다른 분야에 대한 공부와 경험이 필요하다. 다른 사람 및 다른 지식과의 교류를 위해서는 나부터 지식과 경험을 확장시켜야 한다. 예를 들어 자동차회사의 연구원은 인문학 책도 보아야 한다. 자동차 디자인에 인문적 감성을 넣지 않으면 소비자의 선택을 받지 못하기 때문이다. 의료기기 연구원 역시 의료기술만 공부하는 것으로는 부족하며, 디지털 기술을 공부해서 그 기술들을 의료기기에 접목할 방법을 찾아야 한다. 다른 분야에 대한 다양한 학습을 멈추는 순간 시장에서 도태될 수 있는 시대가 되었다.

02
개방하지 않으면
후퇴하게 된다

'서양 오랑캐가 침입하는데 싸우지 않으면 화해를 하는 것이니, 화해를 주장하면 나라를 파는 것이 된다.'

洋夷侵犯 非戰則和 主和賣國 양이침범 비전즉화 주화매국

척화비에 새겨진 문구다. 1871년 고종 8년, 조선은 서양열강의 개방 압력에 대항하여 전국 200여 개 소에 척화비를 세웠다. 조선의 개방은 늦어지고 지식과 기술의 유입은 멈춰섰다.

국가 발전의 속도는 '개방성의 정도'에 달려 있다. 마찬가지로 기업과 개인이 개방적이지 않으면 발전은 불가능하다. 외부에 폐쇄적이면 정체되고 후퇴할 수밖에 없다. 이런 상황은 갈수록 더욱 두드러질 것이다. 전 세계가 실시간으로 정보와 지식이 교류되는 초연결사회가 되어가고 있기 때문이다.

개인 역시 개방적이지 않으면 학습을 할 수가 없다. 개방적이란 '나를 다른 사람들에게 드러내는 것'을 말한다. 나를 드러내고 비울 때 비로소 새로운 것으로 나를 채울 수 있다. 폐쇄적인 사람은 생각의 문을 닫아버리고 과거의 것을 고집한다. 우물 안에서 올려다본 하늘이 세상의 전부인 줄 안다.

비즈니스 전 분야에 오픈 이노베이션(Open Innovation)이 확대되고 있다. 과거에는 회사 내의 연구개발 조직에서 모든 연구개발 기능을 수행했다. 이에 비해 개방형 혁신의 대표적인 트렌드인 오픈 이노베이션은 기업의 내부 연구역량까지도 외부에 개방하는 것을 말한다. 동시에 외부 대학, 기관, 개인의 아이디어와 역량을 가져와 내부 역량과 결합하는 방식을 채택한다. 이러한 트렌드는 개방성이 지금의 비즈니스 세계에서 얼마나 중요한 요소가 되는지를 보여준다.

∴ 버터 전쟁은 왜 일어났을까?

어느 날 할아버지는 나를 장벽에 데려가 말했다.

"너도 알다시피 이 장벽 안에는 우리 유크 족이 살고, 장벽 너머에는 주크 족이 산단다. 그리고 이제 너도 주크 족이 하는 끔찍한 짓들을 알 때가 되었단다. 주크 족들의 집과 마을에선 모두 버터를 빵 아래에 바르지. 하지만 너도 알다시피 우리 유크 족은 버터를 빵 위에 바른단다. 그리고 그것만이 올바른 방법이란다!"

할아버지는 이를 갈았다.

"그러니 빵 아래에 버터를 바르는 주크 족을 믿지 말고, 주크 족을 감시해야 한단다. 그들은 영혼이 뒤틀린 자들이니까!"

미국의 작가 닥터 수스의 동화《버터 전쟁》에 나오는 장면이다. 유크 족과 주크 족은 버터를 빵에 바르는 방식이 사람마다 다를 수 있다는 사실을 서로 인정하지 않았고, 이 문제로 전쟁까지 하게 된다.

우리 주변에도 동화에 나오는 할아버지처럼 모든 문제를 'OX 관점'에서 보는 사람이 있다. 흑과 백, 적군과 아군, 옳고 그름, 성공과 실패, 선과 악처럼 문제를 양분하는 관점은 위험하기까지 하다. 극단적인 갈등과 싸움은 이런 폐쇄적인 사고에서 출발한다. 이런 사람들에게 '다름'은 인정할 수도 없고 익숙하지도 않다. 자신의 그룹에 속하지 않은 사람을 배타적으로 대우하는 등 나와 다르면 무조건 배척하고 따돌린다.

회사에서의 의사결정은 정답을 찾는 과정이 아니다. 그런데 회사에서도 항상 정답 찾기만을 고집하는 사람이 있다. 이런 사람은 대부분 '내 생각만이 정답'이라고 보는 위험한 사고방식을 가지고 있다. 논의와 토론에 익숙하지 않고 항상 분란과 갈등만을 일으킨다.

회사에서의 일은 끊임없이 '더 나은 것'을 찾아나가는 과정이다. 여러 가지의 대안 중에서 좀 더 나은 대안을 찾아나가는 것이다. 기업의 의사결정은 만고불변의 진리를 탐구하는 과정이 아니다. 오늘 선택한 대안은 내일 다른 대안으로 교체될 수 있다. 비즈니스에서 이런 변화무쌍함은 당연한 것이다. 매일 새로운 변수가 등장하고 아무도 그 결과를 예측할 수 없기 때문이다. 일을 잘하는 사람은 이런 상황의 변화에 신속히 변화하는 사람이지, 계속 고집을 부리는 사람이 아니다.

∴ 싫어하는 사람을 만나라

좋아하는 사람이나 의견이 같은 사람만 만나면 개방성은 점점 멀어진다. 직장에서 편한 사람만 찾아다니는 것은 스스로 한계를 긋는 행위다. 그들에게서 배울 수 있는 것은 매우 한정적이며, 오히려 배울 것이 별로 없을지도 모른다. 그들이 당신과 같은 의견, 같은 생각, 같은 지식수준을 가지고 있기 때문이다. 어느 조직에서나 폐쇄적인 사람들은 끼리끼리 어울려 다닌다는 특성을 보인다. 이런 사람들은 학습이 없고 따라서 성장도 없다.

당신과 성향이 다른 사람에게서 배울 것을 찾아야 한다. 그들과 논쟁하다보면 그들의 논리에 설득당하기도 한다. 하지만 그것은 당신이 패배하는 순간이 아니고 무엇인가 배우는 순간이다. 학습하는 것이 패배하는 것은 아니지 않은가?

개인의 선호에 따라 사람을 만나고 대우해서는 안 된다. 그들은 당신과는 다른 역할과 책임을 가지고 있을 것이므로 당연히 당신과는 다른 의견과 생각을 가지고 있다.

'일의 역할과 책임이 다른 사람들이 모여서 갈등도 하면서 시너지를 내는 과정'

이것이 바로 일의 본질이다. 내가 싫어하는 상사도 피하지 마라. 오히려 더 적극적으로 질문하고 조언을 구해야 한다. 그래야 더 많은 것을 배울 수 있다. 당신보다 몇 살 어린데 팀장으로 새로 입사한 사람이 있다면 적극적으로 다가가서 그의 사고와 행동방식을 관찰해보라. 당신이 미처 생각하지 못한 강점을 찾아내서 그것을 학습해야 한다.

∴ 과거에 갇힌 사람은 성장하지 못한다

트라우마(Trauma)는 외상 후 스트레스 장애를 뜻하는 의학용어다. 트라우마 상태에 빠지면 과거의 외상이 이미 오래 전 일임에도 자꾸 기억 속에 떠오른다. 그 당시의 충격에서 벗어나지 못하고 현재의 생활에 지장을 준다.

트라우마는 외상뿐만 아니라 과거의 크고 작은 실패에 의해서도 생길 수 있다. 실패했을 때의 좌절, 비난, 슬픔을 잊지 못하는 상태가 오래가는 경우가 그렇다. 이런 상태가 지속되면 새로운 시도를 할 수가 없으므로 실패의 기억을 빨리 잊어야 한다.

실패뿐만 아니라 과거의 성공도 잊어야 한다.

"고객은 매 순간 최고의 가치만을 선택한다. 지금까지의 성공방식을 고집한다면 고객의 기대를 뛰어 넘는 가치를 만들 수 없다."

생전에 구본무 LG 회장이 자주 했던 말이다. 이 말은 기업뿐만 아니라 개인에게도 똑같이 적용된다. 과거의 성공방식을 신성시하는 사람이 있다. 이런 사람은 자신의 우연한 성공을 일반화하여 주변에 강요하기도 하고, 누군가가 다른 의견을 내면 자신에 대한 도전이라고 생각한다.

과거의 기득권도 잊어야 한다. 예전에 내가 일하던 회사에 기득권에 연연했던 영업부장이 있었다. 어느 해 임금평가에서 그 영업부장이 평균을 밑도는 인금인상률을 받게 되었다. 당시 사장과 영업담당 이사가 그의 성향과 성과를 좋지 않게 본 결과였다. 그런데 그는 자신이 받은 평가결과에 대해 불만이 많았는지 인사팀장인 나를 불러서 이렇게 엉뚱한 요지의 주장을 했다.

"왜 내가 다른 부장들과 같은 취급을 받아야 하나? 나는 다른 부장들보다 입사도 몇 년 빠르고 가장 고참 부장인데 말이야. 이번에 임원이 안 된 것도 억울한데 임금인상도 평균 이하라니! 나 국내 최고 대학 출신이야! 다른 부장들보다 더 많이 알고 더 많이 배웠다고!"

나는 그의 시각에 어이가 없었지만 평가결과를 적절히 설명해주는 수밖에 없었다. 그 영업부장은 25년도 훨씬 지난 과거의 학력을 여전히 기득권으로 생각하고 있었다. 아무도 그의 지식수준과 사고수준을 높게 평가하고 있지 않은데 말이다.

과거에 갇혀있는 사람은 개방적이지 못하다. 개방적이지 못하면 학습도 일어나지 않고 성장도 하지 못한다. 사고와 행동은 모두 현재와 미래를 향해야 한다. 과거의 성공, 실패, 기득권에 연연하지 않도록 노력해야 한다.

03
질문이 없으면
학습도 없다

"10년 후 어떤 변화가 있겠느냐는 질문을 많이 받는다. 구태의연한 질문이다. 10년이 지나도 바뀌지 않을 게 무엇이냐는 질문은 왜 하지 않나. 이것이 더 중요한 문제인데 말이다. 예측 가능한 정보를 바탕으로 사업전략을 세우는 일이 더 쉽다. 사람들은 싼 가격과 빠른 배송, 다양한 상품을 원한다. 10년이 지나도 이는 변하지 않는다. 변하지 않는 전제에 집중해야 헛고생을 하지 않는다. 시간이 흘러도 변하지 않는 것이 무엇인지 안다면 그런 곳에 돈과 시간을 할애하는 것이 좋지 않을까?"

제프 베조스 아마존닷컴 회장이 한 언론사와의 인터뷰에서 한 말이다.(장박원 저, 《리더의 말》에서 발췌) 베조스는 스스로에게 '10년이 지나도 바뀌지 않을 것이 무엇인가?'를 질문하고, 이에 대한 답을 찾아서 비즈니스 전략을 수립한 것이다. 만일 베조스가 스스로에게 다른 질문을 했다면 다른 전략을 수립했을 것이다. 질문이 달라지면 답도 달라진다. 이것이 질문을 잘해야 하는 이유다.

문제는 우리가 회사에서 질문을 별로 안 한다는 데 있다. 가끔 상사에게 "이 일을 해야 하는 이유가 무엇인가요?"라고 질문할 때가 있지만 돌아오는 답은 이런 식이다.

"위에서 시킨 일이라 나도 몰라. 그냥 시키는 대로 하기나 해!"

질문을 잘 못하면 졸지에 상사에게서 이런 말을 들을 수도 있다.

"왜 이렇게 말귀를 못 알아들어?", "질문할 시간 있으면 일부터 해", "왜 매사에 부정적이야?"

이런 상황이 반복되면 다시는 질문을 안 하게 된다.

우리는 다른 사람에게 질문하는 데 익숙하지 않다. 어려서부터 만들어진 습관이다. 학교에서는 질문보다는 정답을 찾는 것이 더 중요했다. 질문하고 토론하는 능력보다는 정답을 잘 찾는 학생이 훌륭한 학생이다. 직장에서도 오랫동안 질문이 허용되지 않았다. 질문하고 토론하는 능력보다는 시키는 대로 잘 따라오는 직원이 훌륭한 직원이었다.

하지만 지금은 질문을 많이 해야 한다. 질문이 없다는 것은 궁금한 것이 없고, 호기심도 없다는 의미가 된다. 궁금한 것도 호기심도 없는데 학습이 일어날 리가 없다. 이런 사람은 과거처럼 시키는 일만 할 것이다. 발전이 있을 수 없다.

∴ 한 단계 높은 본질적인 의문을 제기하라

"내가 이 세상에 어떻게 보이는지는 잘 모르겠다. 그러나 나는 스스로를 바닷가에서 장난을 치는 소년이라고 생각해왔다. 평범한 조약돌이나 조개껍질이 아닌 더 동그랗고 특이한 조약돌과 더 예쁜 조개껍질을 찾아다니는 소년 말이다. 내 앞에는 거대한 진리의 바다가 많은 비밀을 간직한 채 펼쳐져 있었다."

1727년에 뉴턴이 세상을 떠나면서 남긴 말이다. 이 말에서 그의 위대함의 원천을 발견할 수 있다. 그의 소년 같은 호기심, 즉 '본질적인 진리에 대한 호기심'은 위대한 질문들로 이어졌다. '왜 사과는 아래로 떨어질까?'는 그의 위대한 질문 중 한 예에 불과하다. 그의 질문들은 인류 역사상 가장 위대한 과학적 업적을 남기게 했다.

뉴턴의 질문이 위대한 이유는 그것이 본질적인 질문, 즉 '당연한 것을 당연한 것으로 보지 않는 질문'이었기 때문이다. 그는 이런 질문을 통해 자신의 생각을 뒤집어보기도 하고, 고정관념을 뒤집어보기도 했다. 현상을 보이는 대로 보지 않고 보이지 않는 부분을 찾아내는 질문을 한 것이다.

회사에서 문제를 바라보는 시각도 '본질적'이어야 한다. 기존의 시각에 대한 의심을 해보고, 지금 눈앞에 놓인 문제를 한 단계 뛰어넘는 질문을 던져야 한다. 예를 들어 마케팅팀에서 TV 광고를 어느 채널에서 하는 것이 좋을지를 놓고 1시간째 회의를 하고 있다고 해보자. 누구는 A 채널에 광고를 하자고 하고, 누구는 B 채널에 하자고 한다. 누구는 C 채널이 비용이 적게 들어 좋다고 주장한다. 이때 당신이 "꼭 TV 광고에 매달릴 필요 있나요? 회사의 광고전략을 SNS 마케팅으로 전환해보면 어떨까요?"라고 질문했다면, 바로 이것이 '본질적인 질문'이다. 'A, B, C 채널 중에서 어느 채널이 좋을까?'는 '지엽적인 질문'일 뿐이다.

예를 하나 더 들어보자. 팀장의 지시에 의해 1월 1일 승진자 리스트를 만들고 있다. 이때 '어떤 양식으로 보고해야 팀장님이 좋아할까?'라는 질문은 지엽적인 질문이다. 반면에 '왜 승진은 매년 1월 1일에 한꺼번에 해야 하지? 리더로 올릴 만한 사람이 생기면 그때그때 즉시 한 명씩 승진시키면 되지 않나?'라는 질문은 본질적인 질문이다. 현재의 연공주의적 승진제도에 대해 근본적인 의문을 제기하는 질문이기 때문이다.

∴ 상대방을 논의의 대상으로 끌어들여라

"팀장님, 1안으로 할까요, 2안으로 할까요?", "언제까지 보고하라고 하셨죠?"라는 질문은 상사의 '지시를 기다리는' 질문이다. 아마 대부분의 직장인들이 이렇게 스스로의 일을 축소시키는 질문을 가장 많이 하고 있을지 모른다. 이렇게 수동적인 자세로 일하는 사람은 주로 '상사의 의중을 확인'하기 위한 질문을 한다.

반면에 주도적으로 일하는 사람은 '상사의 의견을 듣는' 방향으로 질문을 한다. 예를 들면 "지시하신 내용의 배경을 말씀해주시겠습니까? 보고서를 작성하는 데 도움이 될 것 같습니다" 하는 식으로 질문한다. 부하직원에게서 이런 질문을 받은 상사는 지시가 아닌, 자신의 의견을 친절하게 설명해줄 것이다.

대화는 질문으로 시작된다. 수동적인 사람은 단답형 질문만을 던지기 때문에 상사와의 대화가 단절된다. 주도적인 사람은 지시를 기다리지 않고 상사와 논의를 한다. 질문의 질이 다르기 때문이다. 예를 들어

"제가 지금 경쟁사에서 고객을 뺏어오려고 하는데 어려움이 있습니다. 팀장님의 과거 성공사례를 조언해주시겠습니까?" 하는 식의 질문으로 상사를 논의의 대상으로 끌어들인다.

기업에서의 일은 여러 사람과의 논의를 통해 이루어진다. 질문을 하지 않는 것은 토론과 논의를 하지 않겠다는 태도다. 활발한 질문이 논의와 토론을 활발하게 만들고, 논의와 토론이 활발할수록 참여자들의 지식과 아이디어의 수준이 올라간다.

'짝을 지어 질문하고 대화, 토론, 논쟁하기'

유대인의 교육방식인 하브루타 교육법이다. 하브루타 교육은 질문으로 시작해서 질문으로 끝난다. 아무도 정답을 말하려고 하지 않는다. 누가 더 날카로운 질문을 하는가에 집중한다. 질문은 더 많은 호기심을 자극하고 창의적인 사고를 하게 만든다. 유대인 엄마들은 어린 아이에게 끊임없이 '왜?'라는 질문을 던지게 한다. 이렇게 훈련된 습관은 성인이 되어서도 이어진다. 이런 습관이 노벨상 수상자의 30%를 배출하는 원천이 되지 않았을까?

∴ '열린 질문'을 해야 한다

"1+1은 무엇인가요?"라는 질문은 '닫힌 질문'이다. '2'라는 정답만을 기대한 질문이기 때문이다. "2입니다"라고 답하면 더 이상 질문할 것이 없다. 반면에, "1+1은 왜 2일까요?"라는 질문은 '열린 질문'이다. 정답이 없는 질문이다. 사람마다 다양한 의견과 생각들이 나올 수 있기 때문이다.

일할 때는 닫힌 질문보다는 열린 질문을 해야 한다. 닫힌 질문은 단순한 사실 확인을 하기 위해서 한다. 면접을 할 때는 특히 열린 질문을 많이 활용해야 한다. 닫힌 질문을 하면 지원자의 생각의 깊이를 확인할 수 없기 때문이다. 예를 들어 면접 자리에서 지원자가 로마로 배낭여행을 다녀왔다고 했을 때 면접관이 "로마에서 어디를 구경했나요?"라고 물었다면 그것은 '닫힌 질문'이 된다. 이런 질문을 하면 "저는 로마에서 콜로세움, 판테온, 포로 로마노를 보았습니다"처럼 뻔한 답변밖에 들을 수 없다. 답변의 내용이 단순한 사실의 나열에 그친다.

반면에 "로마 여행에서 무엇을 느꼈나요?"라고 질문하면 지원자의 사고수준과 생각체계를 알 수 있다. 이런 질문에 "참 멋있다는 것을 느꼈습니다"라고 답하는 지원자는 생각의 깊이가 너무 얕은 것이다. 이에 비해 "위대한 건축물은 건축물일 뿐입니다. 이런 건축물에도 불구하고 르네상스의 발상지가 로마가 아닌 피렌체였던 이유가 더 궁금해졌습니다"라고 답하는 지원자는 사고의 수준을 확장시키는 능력이 있음을 알 수 있다.

닫힌 질문은 생각을 확장시키지 못한다. 열린 질문은 생각을 확장시켜서 논의와 토론을 풍부하게 한다. 열린 질문을 해야 지식과 정보가 교류되고 학습이 활발하게 일어난다.

04
진정한 학습은
경험을 통해 이루어진다

    회사에 취직하면 누구나 같은 환경에 놓인다. 하지만 똑같은 환경에서 일하면서 누구는 성장하고 누구는 도태된다. 그 차이는 개인의 학습능력에 달려 있다. 조용히 시키는 일만 하는 수동적인 사람에게는 학습이 일어나지 않는다. 의도적인 경험과 관찰, 공부를 통해서 배우려고 노력해야만 학습이 일어난다. 그리고 이렇게 배운 것들을 행동으로 옮겨야 한다.

    학교에서의 학습은 지식의 축적을 목적으로 한다. 반면에 직장에서의 학습은 '행동의 변화'를 목적으로 한다. 학교에서의 학습은 수동적으로 이루어지지만, 직장에서의 학습은 '주도적'이어야 한다. 스스로 목표를 세우고 단계적으로 실행해나가야 한다. 학습에 대한 책임은 자기 자신에게 있다. 학습의 결과가 점수가 아닌 성과로 나타나기 때문이다.

∴ 왜 아문센은 성공하고 스콧은 실패했을까?

로알 아문센(Roald Amundsen)과 로버트 스콧(Robert Falcon Scott) 두
사람은 1911년 비슷한 시기에 인류 역사상 최초의 남극점 도달을 놓
고 경쟁을 벌였다. 이들을 둘러싼 환경은 여름에도 영하 20도 이하로
내려갈 정도로 혹독했고, 통신수단이 없어서 조난을 당하면 살아 돌아
올 가능성이 희박했다. 이들은 이런 환경을 뚫고 2,000km 이상을 왕
복해야 했다.

두 사람의 운명은 극명하게 갈렸다. 아문센은 남극점에 먼저 도달
하고 무사히 살아서 돌아온 반면, 스콧은 돌아오지 못하고 세상을 떠
났다. 무엇이 두 사람의 운명을 갈랐을까? 두 사람은 탐험을 위한 준
비에 있어서 뚜렷한 차이를 보였다.

아문센은 탐험을 위한 모든 학습을 실전과 같은 환경에서 시행했
다. 학습을 통해 남극탐험의 과정을 미리 경험해본 것이다. 그는 남극
탐험 경험이 있는 사람과 에스키모인들과 오랫동안 함께 생활하면서
그들이 혹한의 환경에서 살아남을 수 있었던 비결을 학습해나갔다. 극
한의 추위에서 생존해야 하는 에스키모인들은 한꺼번에 먼 길을 가지
않는다. 땀이 많이 나면 몸이 얼어붙기 때문에 물기가 적은 가죽 옷을
입는다는 사실도 알게 되었다. 개는 땀을 밖으로 배출하지 않아서 추
위에 강하다는 사실을 알고 개썰매 사용법도 익혔다.

반면에 스콧은 살아있는 경험을 통한 학습을 등한히 했다. 그가 가
지고 있는 막대한 자금과 도구가 경쟁에서 이기게 해줄 것이라 믿었
다. 개썰매 대신 모터썰매를 이용했는데, 이런 장비는 남극에서 쉽게

고장이 났다. 또한 추위에 약한 조랑말을 선택했고, 옷도 물기에 약한 모직 옷을 선택했다.(《동아비즈니스리뷰》 2010년 62호 기사 참조)

우리는 아문센의 방식처럼 실전 경험에 의한 학습을 통해 실질적인 문제해결에 필요한 통찰을 얻어야 한다. 기업을 둘러싼 문제는 항상 살아 움직이는 생명체와 같이 변화무쌍하다. 따라서 위와 같이 학습된 통찰 없이는 근본적인 문제가 정확히 무엇인지, 또 그에 따른 현실적인 대안이나 해결책이 무엇인지를 찾아낼 수가 없다. 기업은 현실이다. 도서관에 앉아서 경영학 책을 읽는다고 해서 경영을 잘할 수는 없다. 위대한 경영자는 많은 실패와 성공의 경험을 통해 학습한 사람이다.

∴ 모방할 대상을 찾아라

'아이는 부모의 등을 보고 자란다'라는 말이 있다. 아이는 부모의 말이 아닌 행동과 습관을 관찰하고 모방하면서 성장한다는 뜻이다. 그래서 부모와 아이의 행동습관은 비슷하게 닮아간다. 그런데 아이들뿐만 아니라 직장인의 학습도 모방과 관찰을 통해서 이루어진다. 당신은 무의식적으로 상사의 말투나 행동을 따라해본 적이 있는가? 아마 있을 것이다. 팀원들이 팀장의 행동과 습관을 그대로 따라하는 것은 흔한 일이다. 무의식적인 모방의 결과다.

캐나다의 심리학자 반두라(Albert Bandura)는 인간의 사회학습에 대해 "사람의 행동은 다른 사람의 행동이나 상황을 관찰하거나 모방한 결과로 이루어진다"라고 주장한다. 그의 이론에 의하면 인간의 학습은 다음과 같은 4단계의 과정을 거치게 된다.

주의 집중 → 기억 저장 → 행동 → 동기부여

예를 들면 이런 식이다.

> ① 주의 집중 → 우수한 프레젠테이션 실력을 보이는 상사를 주의 깊게 관찰한다.
> ② 기억 저장 → 발표할 때의 행동과 언어를 잘 기억해놓는다.
> ③ 행동 → 다음 발표 때 상사의 방식을 그대로 따라해본다.
> ④ 동기부여 → 성공적인 프레젠테이션을 마치고 스스로 만족해서 기분 좋게 커피를 마시며 자축한다.

일을 하면서 이런 4단계 과정을 반복하면 훌륭한 학습효과를 볼 수 있다. 기업에서의 학습은 나보다 나은 사람을 따라해보는 사회학습인 경우가 많다.

관찰과 모방을 잘하기 위해서는 모방할 대상을 잘 찾아야 한다. 모방하고 관찰할 대상은 두 부류로 나눌 수 있다. 우수한 리더십을 가진 리더와 우수한 성과를 내는 동료다. 우수한 리더를 대상으로는 어떻게 팀워크를 잘 활용하여 팀의 성과를 내는지를 관찰한다. 성과가 우수한 직원을 대상으로는 어떻게 목표를 설정하고 성과에 집중하는지를 관찰한다. 당신의 모델이 될 만한 리더 1~2명, 고성과자 1~2명을 선정하고 집중적으로 관찰해보라. 그러고 나서 적극적으로 모방해보라.

학습능력이 없는 사람은 남들을 관찰하거나 모방하지 않는다. 남들이 우수한 성과를 낸 것은 모두 우연이라고 평가절하한다. 반면에 내가 낮은 성과를 낸 것은 환경 탓이고 부족한 지원 탓이라고 생각한다. 이런 사람들은 다른 사람에게서 좋은 점을 찾아내서 자신의 것으로 만드는 학습을 하지 못한다.

∴ 위대한 인물의 업적은 그냥 나오는 것이 아니다

조선시대의 왕들은 공부를 많이 했다. 사극 드라마를 보면 임금과 학자들이 모여서 경전을 읽고 토론을 하는 장면이 자주 나온다. 이것을 경전을 읽는 자리라는 의미로 '경연(經筵)'이라고 한다. 경연은 하루에 3번 열렸는데, 아침에 하는 조강(朝講), 낮에 하는 주강(晝講), 저녁에 하는 석강(夕講)이 있었다. 경연방식은 일반적인 서당의 학습방식과 비슷하게 왕이 이전에 배운 내용을 복습하여 읽은 다음 그날의 새로운 진도를 나갔다. 스승이라 할 수 있는 경영관이 그날 배울 것을 읽으면 왕이 따라 읽었고, 그에 대한 경영관의 설명을 듣고 나서 토론이 이어졌다. 세종은 재임기간에 1,898회의 경연을 했다. 왕의 업적은 그냥 나오는 것이 아니다.

우리는 취직을 하면 공부를 하지 않는 경우가 많다. 이렇게 세상이 빨리 변하고 있는 데도 말이다. 앞에서 언급했듯이 지식의 반감기는 갈수록 줄고 있다. 공부하지 않으면 멈추는 것이 아니라 도태되는 시대다.

"회사에서 일만 잘하면 되는 거 아냐?"

1년 동안 공부도 하지 않고 책 한 권도 읽지 않는 직원이 할 만한 말이다. 이런 직원에게 일을 잘한다는 것은 '과거의 방식으로 그냥 열심히 하는 것'을 의미한다. 이런 의미로 하는 일은 회사에도 별로 도움이 안 되고 본인의 성장에도 별로 도움이 안 된다. 회사는 당신에게 더 나은 지식과 기술로 일해주기를 바란다. 새로운 방식으로 변화를 주거나 성과를 내주기를 기대한다.

성장하는 직원은 퇴근 후에 공부를 한다. 책을 보거나 학원을 다닌다. 대학원을 다니기도 한다. 이러한 학습 노력이 당장에는 표시가 나지 않겠지만 시간이 갈수록 큰 차이를 만들어내게 된다. 직원일 때는 큰 차이를 못 느끼지만 리더가 될 때쯤에는 학습을 하고 안 하는 직원 간의 성과와 역량차이가 크게 벌어지게 된다. 회사와 상사는 그 차이를 금방 알아차린다.

리더의 말과 행동에는 통찰이 있어야 한다. 통찰은 일만 열심히 한다고 생기지 않는다. 공부도 병행해야 진정한 통찰이 생긴다.

05
보이지 않는 진심이 아닌
행동을 변화시켜라

오랜만에 아내 생일날에 꽃을 선물했다. 신혼 초에는 몇 차례 꽃을 선물하기도 했는데 어느 해부터는 저녁에 케이크를 사 들고 가는 것이 고작이었다. '사랑한다'는 말을 해본 지는 더 오래되었다. '그걸 꼭 말로 해야 아나?'라고 생각했기 때문이다. 이런 나의 태도에 아내는 말은 안 해도 불만이 있어 보였다. 그래서 몇 년 만에 용기를 냈다. 나는 꽃바구니에 '사랑해, 축하해'라고 적은 작은 엽서도 끼워 넣었다. 몇 년 만에 생각지도 못한 꽃바구니를 받아 든 아내는 전에 없이 환하게 웃으며 즐거워했다.

아무리 가까운 사이라도 생각하는 것만으로는 진심을 전달하지 못하는 경우가 많다. '왜 내 진심을 몰라주나?'라고 서로 생각만 하는 사이에 오해는 쌓이고 불신은 커진다. 이럴 때는 손에 잡히고 눈에 보이는 행동을 통해서 상대방이 그 진심을 정확히 확인할 수 있도록 해줘야 한다.

회사에서도 마찬가지다. 생각도 중요하고 말도 중요하지만 무엇보다 '행동'이 중요하다. 아니 더 중요하다. 아내는 나의 속마음을 언젠가는 알아주겠지만, 회사는 행동을 하지 않으면 시간이 흘러도 나를 인정해주지 않는다. '나는 회사를 사랑한다'라고 생각하는 것은 좋은 마음가짐이지만 다소 추상적이고 관념적이다. 이보다는 '나는 회사에 기여를 한다'라고 생각하면서 이를 행동으로 실천하는 것이 중요하다. '나는 상사를 존중한다'라고 생각하는 것도 좋은 마음가짐이지만 역시 구체성이 떨어진다. '나는 상사의 관점에서 생각해 본다'라는 방향을 정하고, 일을 할 때 이러한 방향을 실천하는 것이 더 중요하다.

∴ 성향은 변하지 않아도 행동은 변한다

사람은 누구나 성향이 있다. 성향은 웬만해서는 나이를 먹어도 변하지 않는다. 회사에서 직급이 올라가도 성향은 쉽게 바뀌지 않는다. 성향은 한 사람이 가지고 있는 가치관, 태도, 신념 같은 것들로, 눈에 보이지 않는다. 정신을 지배하는 가치관, 태도, 신념은 오랜 기간에 걸쳐 형성되어서 그대로 굳어버리는 경우가 많다. 예를 들면 외향적인 성향을 가진 사람이 어느 순간에 내향적으로 변하지는 않는다. 어느 장소에서 어떤 일을 하든 외향적인 성향은 그대로 유지된다. 내향적인 성향을 가진 사람도 마찬가지다. 이런 사람은 나이를 먹거나 직급이 올라가도 대중 앞에서 말하는 것을 꺼리고 두려워한다.

하지만 성향과는 달리 '행동'은 변할 수 있다. 기업에서 일한다는 것은 행동을 하는 것이다. 성향이 다른 사람도 행동은 같은 방식으로 할

수 있다. 예를 들어 내향적인 사람도 프레젠테이션을 반복하다보면 프
레젠테이션 기술을 익혀서 전 직원 앞에서 훌륭하게 강연을 하는 경
지에 오를 수도 있다. 행동은 훈련으로 변화시킬 수 있다.

　당신이 회사에서 팀장으로 승진했다고 해보자. 그래도 당신의 성향
과 가치관은 신입사원 때와 같을 것이다. 예를 들어 당신은 여전히 혼
자 일하는 것을 더 선호하는 성향을 가지고 있을 수 있다. 여러 사람
앞에서 말을 많이 하는 것을 싫어할 수도 있다. 하지만 당신의 행동은
변하게 되어 있다. 리더로서 필요한 행동을 하게 된다. 팀으로 일하는
모습을 보이려 노력할 것이고, 팀장 회의에서 주도적으로 발언하는 행
동을 취할 것이다. 회사가 당신을 승진시킨 이유는 당신의 성향이 변
했기 때문이 아니라 리더로서 적합한 행동을 보여주었기 때문이다.

　행동의 변화에 초점을 맞춰라. 성과를 내는 데 필요한 구체적인 행
동들을 찾아내라. 행동은 의식적인 훈련을 통해 얼마든지 바꿀 수 있
다. '나는 그런 성향이 아닌데, 잘할 수 있을까?'라고 의문을 품지 마
라. 회사는 당신의 '성향'을 바꾸라고 강요하지 않는다. 당신의 '행동'
을 바꾸기를 바랄 뿐이다.

　∴　관찰 가능한 행동으로 보여줘야 한다

　프론트 데스크에 직원이 충원되면 고객서비스 교육을 실시한다. 고
객 접점에서 다양한 고객을 상대하는 직원이 고객 불만에 대해 얼마
나 신속하고 센스 있게 대응하느냐가 회사 이미지에 절대적인 영향을
미치기 때문이다.

프론트 데스크에서 일하는 신입사원의 성향이 다 같을 수는 없다. 표정과 말투는 물론 순발력에서도 조금씩 차이가 있다. 그럼에도 불구하고 고객에게는 같은 수준의 고급 서비스를 제공해야 한다. 이들에게 요구되는 것은 '친절'과 '미소'와 같은 추상적인 개념의 스킬들이 아니라 구체적이고 훈련된 고객대응 스킬이다. 다음과 같은 구체적인 행동이 필요한 것이다.

- 고객이 불만을 제기할 때 감정적으로 대응하지 않고 침착하게 대응하기
- 고객이 부당한 주장을 해도 끝까지 듣고 나서 회사의 정책을 설명하기
- 고객의 말을 중간에 끊거나 끼어들지 않기
- 고객과 약속한 시간은 반드시 지키고, 시간을 지키지 못할 경우에는 미리 정중히 양해를 구하기

훌륭한 고객서비스 직원이 되기 위해서는 '친절한 태도'가 아니라 위와 같이 구체적인 '고객지향적인 행동'을 하는 것이 중요하다. 회사는 보이지 않는 마음가짐이나 태도로서 직원을 평가하지 않는다. 눈에 보이는 행동으로서 평가한다. 고객도 마찬가지다. 그들은 직원이 가진 고객에 대한 가치관에는 관심이 없다. 오직 자신들에게 어떤 행동을 보이느냐로 그 직원의 서비스 수준을 평가할 뿐이다.

태도와 행동에 대해서 예를 하나 더 들어보자. 우리는 '책임감을 가져라'라는 말을 많이 듣는다. 그런데 이 말이 무엇을 뜻하는지 명확하지 않다. 책임감 있는 '태도'에 집착하면 아마도 다음과 같은 것에 가

치를 둘 가능성이 많다.

- 실적 달성이 안 되는 것에 대해서 걱정하기
- 퇴근 후나 주말에도 밀린 회사 일 생각하기

반면에 책임감 있는 '행동'을 중시하면 다음과 같이 관찰 가능하고 구체적인 것들에 가치를 두게 된다.

- 성과 달성을 위한 구체적인 목표를 문서로 작성하기
- 성과 달성을 위한 방법을 상사와 구체적으로 논의하고 조언 구하기
- 과정보다는 결과로서 평가받는 것을 선호하기
- 문제가 생겼을 때 즉시 보고하고 책임을 다른 사람에게 미루지 않기
- 마감시간 어기지 않기

태도가 변해야 행동이 변한다는 사람이 있다. 반대로 행동이 변해야 태도가 변한다는 사람도 있다. 이런 논쟁은 기업에서 일할 때 별로 중요하지 않다. 중요한 것은 기업은 태도의 변화보다 행동의 변화를 원한다는 사실이다.

06
회사에 기대지 말고
스스로 학습하라

이렇게 말하는 직원을 만날 때가 있다.

"내가 영어를 못하는 이유는 회사에 영어교육 프로그램이 없기 때문이다."

"다른 회사는 대학원 학비를 대준다는데, 왜 우리 회사는 지원이 없나? 이런 지원이 없으니 직원들이 공부를 안 하는 것 아닌가?"

"우리 회사 팀장들의 리더십이 엉망인데, 인사팀은 왜 리더십 프로그램을 개설하지 않는 거야?"

회사는 직원들의 자기계발을 지원하고 교육과 훈련 기회를 제공해야 한다. 하지만 회사에서 하는 교육·훈련에는 한계가 있다는 사실도 인정해야 한다. 회사는 기본적으로 일을 하고 성과를 내는 곳이다. 모든 학습의 책임을 회사에 돌릴 수는 없다. 학습과 자기계발의 궁극적인 책임은 개인에게 있다고 생각하는 것이 바람직하다.

하버드대학교 리더십센터 의장인 워런 베니스는 이렇게 말했다.

"리더에게는 2가지 중요한 특성이 필요하다. 감성적 지능과 꾸준히 학습하는 능력이다."

그는 한 비즈니스 잡지와의 인터뷰에서는 이렇게 말하기도 했다.

"자리에서 쫓겨나지 않는 임원들은 어떤 사람들일까요? 항상 놀라움과 모험심에 눈썹을 추켜올리고 있고, 항상 뭔가를 배우는 사람들입니다."

당신은 가까운 미래에 훌륭한 리더가 될 사람이다. 리더는 주도적으로 성과를 내고 조직을 책임지는 사람이다. 학습을 주도적으로 하는 사람이 리더가 될 자격을 갖게 된다.

∴ 회사는 조건을 갖춘 사람을 채용한다

기업은 성과를 낼 만한 사람을 채용한다. 경력사원뿐만 아니라 신입사원도 마찬가지다. 다만 신입사원에게는 약간의 시간을 더 준다는 차이가 있을 뿐이다. 직원은 성과를 낼 수 있는 지식과 기술을 갖추고 입사해야 한다. 일부 부족한 것이 있다면 입사 이후에 빠른 시간 내에 보충해야 한다.

입사 이후에 업무가 변경되면 그 업무에 맞는 역량을 갖춰야 한다. 이것 역시 본인의 몫이다. 회사의 인정을 받아서 리더가 되면 더 높은 수준의 전문성이 필요하다. 리더십을 발휘하여 조직 전체의 성과도 책임져야 한다. 리더에게 필요한 전문성과 리더십에 대한 학습도 본인이 주도적으로 해야 할 몫이다. 기업은 훈련기관이 아니다. 일을 하는 과정에서 지식과 기술을 배우는 곳이다. 지식, 경험, 기술은 일 속에서 스스로 축적해야 한다. 회사가 제공하는 교육 프로그램은 한정적이고 보완적이다. 일하는 시간에 비해 교육시간은 턱없이 적은 부분을 차지한다. 성과를 내는 데 필요한 능력은 스스로 갖추어야 한다.

미국의 창의 리더십 센터(Center of Creative Leadership)의 연구에 의하면, 직장에서의 학습은 대부분 현장에서의 경험을 통해서 이루어진다고 한다. 이들이 말하는 '70-20-10 학습 모델'에 의하면 학습의 70%는 실질적인 일의 경험을 통해 일어나고, 20%는 다른 사람과의 상호작용을 통해 일어난다. 회사의 교육 프로그램에 의한 학습은 불과 10%에 지나지 않는다.

직원들을 강의장에 모아놓고 교육하는 '훈련'은 과거의 개념이다. 지금은 스스로 '개발'한다는 개념이 강하다. 개발은 주도적으로 해야 한다. 스스로 부족하다고 느끼는 부분은 스스로 시간을 투자해서 공부해야 한다.

∴ 학습의 목표와 방법을 주도적으로 정해라

'자기주도학습(Self-directed learning)'을 잘하는 학생이 성적이 좋다. 자기주도학습의 핵심은 학생 스스로 학습의 목표와 방법을 선택하는 데 있다. 스스로 선택한 방법대로 진척도를 관리하고, 공부의 방법과 결과에 대한 평가도 스스로 한다. 부모가 숙제를 일일이 체크하고 시간을 통제하면 성적이 단기적으로는 오를 수 있지만, 학생의 신체 리듬, 심리적 상태, 잠재력을 고려하지 않은 강요된 학습효과가 오래갈 수는 없다. 부모의 통제에 익숙한 학생은 성적이 떨어졌을 때 부모 탓을 할 가능성이 높다. 자신이 선택한 것이 하나도 없으니 책임질 이유가 없지 않은가?

스티븐 코비는 그의 저서 《성공하는 사람들의 7가지 습관》에서 삶의 주도성을 제1 습관으로 삼는다. 그만큼 '주도성'이 제일 중요한 습관이라는 의미로 해석할 수 있다. 그는 '자신의 삶을 주도하라'라고 하면서 '주변 여건이 아닌 자신의 의사로 결정하고 책임을 지는 습관이 중요하다'라고 말한다.

주도성은 스스로 선택하고 스스로 책임지는 행동이다. 환경이나 주변 탓을 하지 않는 사고방식이다. 이런 주도적인 사고와 행동은 학습을 할 때도 중요하다. 학습은 스스로 동기가 생기지 않으면 시작하기 어렵고, 지속하기는 더더욱 어렵기 때문이다.

주도적으로 학습하는 사람은 회사의 환경 등을 탓하지 않는다. 주도적인 사람은 '내가 영업실적이 낮은 이유는 회사에 영업스킬 교육 프로그램이 없기 때문이다'라고 말하지 않는다. 스스로 시간과 에너지를 영업스킬을 배우는 데 투자한다.

주도적으로 학습하는 사람은 자신의 약점을 스스로 찾아나선다. 그리고 그 약점을 채우기 위한 학습목표를 스스로 설정한다. 어떤 기술을 어느 정도 수준까지 높일 것인지, 어떤 교육에 참여할지, 언제까지 목표수준을 달성할지에 대한 구체적인 계획을 세운다. 예를 들어 영업 스킬을 향상시키겠다는 목표를 세웠다면, 성과가 좋은 영업사원에게서 영업 노하우를 배우기 위한 구체적인 일정을 세워본다. 또 3개월 내에 마케팅 관련 서적을 몇 권 읽을지에 대한 계획을 세우기도 하고, 필요하다면 외부 영업스킬 향상 교육과정에 등록하기도 한다.

∴ 집단 교육으로는 창의성과 혁신성을 바랄 수 없다

　과거 회사의 교육훈련은 대량의 기술과 지식을 일방적으로 주입하는 방식이었다. 직원들을 한꺼번에 강의장에 모아놓고 선배의 지식과 기술을 전수했다. 과거에는 이러한 집단적인 표준화된 지식 전수가 효과적이었고, 조직 전체의 문제해결 수준을 올려주기도 했다. 하지만 이것은 개인의 창의성과 혁신성이 중요하지 않았던 시대에나 통하던 방식이다.

　지금의 직원들은 이미 높은 지식과 기술수준을 갖추고 있는 경우가 많으며, 인터넷 등을 통해 새로운 지식과 정보를 손쉽게 얻고 있다. 이제 그들에게 필요한 것은 지식과 기술이 아니라 획득된 정보를 활용하고 가공하는 능력이다. 정보가 부족해서가 아니라 창의성과 혁신성이 부족해서 문제해결을 못하는 경우가 대부분이다.

　창의성과 혁신성은 강의장에서 하는 집단 교육으로 생기는 것이 아니다. '창의성 향상 프로그램'을 만들기도 어렵지만, 이러한 프로그램을 한두 번 운용했다고 해서 창의성이 향상되기를 기대할 수는 없다. 오히려 의무적이고 형식적인 교육으로 흐를 가능성이 높다. 교실에서의 주입식 교육이 아이들의 창의성 향상에 도움이 되지 않는 것과 같은 이치다.

　개인의 창의성은 기업의 문화, 기업의 일하는 방식과 프로세스에 영향을 받기도 한다. 기업은 직원들이 창의성과 혁신성을 발휘할 수 있는 환경을 제공해야 한다. 하지만 창의성과 혁신성은 근본적으로 개인이 개발해야 할 역량이다. 개인 스스로 다양하게 독서하고, 다양하게 질문하고, 다르게 생각하는 훈련을 해야 한다. 회사 사람만 만나지 말고 다양한 세계의 사람들과 대화하고 토론하는 기회를 만들어야 한다. 낯선 곳을 여행하면서 영감을 받기도 해야 한다. 이러한 경험과 노력들은 모두 스스로 강화해나가야 한다. 그래야만 진정한 학습의 효과가 나타난다.

07
과거에 사는 사람
vs 미래에 사는 사람

"머릿속 지식은 혁신의 훼방꾼이다. 과거의 경험과 지식이 방해가 될 수 있다. 새로운 시대에는 이런 지식의 저주에 빠지지 않도록 조심해야 한다."

김범수 카카오 의장의 말이다. 그는 가보지 않은 길을 갈 때는 과거의 지식과 경험에서 벗어날 줄 알아야 한다고 강조한다.(《매일경제》 2016.1.13 기사 참조)

사람은 크게 2가지 부류로 구분해볼 수 있다. 하나는 '미래'에 사는 부류이고, 다른 하나는 '과거'에 사는 부류다. 먼저 미래에 사는 사람은 의사결정의 기준을 '미래'에 둔다. 이들은 문제해결의 기준점을 과거의 지식과 경험에 두지 않고, 항상 새로운 접근방법을 선택하고 가보지 않은 길을 가려고 시도한다. 창의적이고 혁신적이라는 것은 이처럼 새롭고 가보지 않은 길을 가는 것을 말한다. 그 길에는 위험과 기회가 공존하지만, 창의적이고 혁신적인 사람들은 위험보다는 '새로운 기회'에 집중한다.

또한 미래에 사는 사람은 현재 눈앞에 놓인 작은 이해관계에 연연하지 않는다. 현재의 작은 즐거움, 흥분, 인간관계 등을 기꺼이 희생할 줄 알고, 미래를 위한 준비에 시간과 열정을 집중한다. 성공뿐만 아니라 실패를 통해서도 배우고, 학습이 없으면 미래를 대비할 수 없다고 생각하기 때문에 많은 학습을 한다.

반면에 과거에 사는 사람은 어떤 문제를 대했을 때 과거의 지식과 경험에만 의존하려고 한다. 이미 지나온 길을 되돌아보고, 과거에 많은 사람이 지나간 익숙한 길로만 가려고 한다. 그러다보니 학습의 필요성을 느끼지 못한다.

∴ 당신의 시간에 대한 가치관은 어떠한가?

우리는 모두 같은 시간대에 살고 있다. 당신과 내가 지금 만난다면 같은 물리적인 시간대에서 만난 것이다. 하지만 개인마다 시간을 대하는 심리적인 시간대에는 차이가 있다. 영국의 심리학자인 사라 노게이트는 그의 저서 《시간의 심리학》에서 이러한 시간관을 기준으로 사람을 세 부류로 나누고 있다.

첫째, 현재지향적 시간관을 가진 사람이다. 이런 시간관을 가진 사람은 미래의 결과나 과거의 정보를 고려하지 않는다. 현재 눈 앞에 보이는 것을 이용해 '지금' 결정을 내린다. 이들은 상점에 갔다가 좋은 할부 조건의 상품을 발견하면 그 자리에서 바로 구매한다. 대출금 상환이 몇 달째 밀렸다는 사실은 무시해버린다.

둘째, 과거지향적 시간관을 가진 사람이다. 이런 시간관을 가진 사람들은 과거를 먹고산다. 이들은 위험을 회피하고 안정만을 추구한다. 현재보다 좋았던 과거를 회상하며 위안을 받기도 한다. 경영의 구루인 피터 드러커는 이처럼 과거의 성공에 집착하고 쓸모 없는 것을 과감히 잘라내지 못하는 사람을 향해 이렇게 일침을 날린다.

"어떤 기업에든 어제의 업적을 무용지물로 여기고 폐기하기보다는 떠벌리고 싶어 하는 낙오자가 있다. 조직은 정기적으로, 예를 들면 3년에 한 번씩 모든 기능, 제품, 서비스, 프로세스, 기술, 시장을 철저하게 검토해야 한다. 그러고 나서 더 이상 쓸모없는 말라 죽은 가지라면 과감히 잘라내라."

셋째, 미래지향적 시간관을 가진 사람이다. 이런 시간관을 가진 사람들은 성취욕이 강하고, 자신의 행위가 가져올 미래의 결과를 중요하게 생각한다. 미래의 만족을 위해서 현재의 소소한 유혹을 물리친다. 이들은 유능해지길 원해서 미래에 높은 사회적 지위와 부를 얻을 가능성이 많다.

당신은 어떤 시간관을 가지고 있는가? 당신이 어떠한 시간관을 가지고 있는가는 매우 중요하다. 시간을 바라보는 관점이 다르면 사고와 행동방식도 달라지기 때문이다. 그렇다면 기업은 당신이 어떤 시간관을 갖기를 기대할까? 당연히 미래지향적 시간관을 갖기를 바랄 것이다. 왜? 기업의 목표가 미래에도 지속적으로 생존하고 성장하는 데 있기 때문이다. 기업에서 이루어지는 모든 의사결정 역시 '미래의 기회'에 초점이 맞춰져 있다.

∴ 위험보다는 미래의 기회에 집중하라

나는 직장생활을 하면서 보고서 작성방식이나 논의방식을 계속 바꿔왔다. 사원으로 일할 때와 인사팀장으로 일할 때의 방식이 달랐다. 인사부문 임원이 되어서 사장에게 직접 보고하고 논의하게 되었을 때도 방식을 바꿨다. 변화의 방향은 '메시지의 단순화'였다. 그리고 단순한 메시지의 내용은 거의 '미래의 개선활동'에 초점을 맞췄다. 이런 방식의 변화를 거듭해온 이유는 '나의 상사들이 그렇게 보고해주기를 원했기 때문'이다. 나의 상사들은 모두 이미 벌어진 일에는 별로 관심이 없었다. 벌어진 일에 대한 원인분석도 별로 중요하게 생각하지 않았다. 그러다보니 핵심 메시지는 당연히 '그래서 미래에 어떤 개선이 있을 것인가?'가 되어야 했다.

미래지향적으로 일하는 방식은 '미래의 기회에 집중하는 것'을 말한다. 보고와 논의는 '기회의 발견'에 집중해야 한다. 다음과 같은 위험분석은 최소화해야 한다.

- 이미 일어난 일에 대한 상세한 분석
- 단점의 부각
- 프로젝트 등을 시행했을 때의 위험요소에 대한 치밀한 시나리오
- 일의 진행과정에서 예상되는 장애물이나 방해요소들

일을 하다보면 습관적으로 위험분석에 더 치중하게 된다. 미래의

기회보다는 위험요소가 더 분명하게 드러나고 예측하기도 쉽기 때문이다. 사실 모든 것이 문제이고 위험요소 아닌가? 반면에 기회는 대부분 불확실하기 때문에 좋은 결과를 정확히 예측하기가 어렵다. 기회만 많이 나열했다가 실패하면 질책을 받을 것이라는 불안감이 들기도 한다. 그렇다고 위험만을 부각하면 상사에게서 이런 말을 듣기 십상이다.

"그러면 나보고 이런 위험을 다 감수하란 말인가?", "이번 계획은 하지 말자는 거지?", "시행할 수 있는 안을 가져와야 되는 거 아닌가?"

위험의 나열과 분석은 미래로 가는 길에 장애물이 된다. 현재에서 조금도 움직이지 않겠다는 의도가 깔려 있다. 기회를 더 많이 발견해서 보고서에 넣고, 기회에 대해 더 많이 논의해야 한다. 기회가 조금이라도 위험보다 크면 미래를 향한 전향적인 의사결정을 해야 한다.

∴ 'COPY AND PASTE' 하지 마라

"2011년 내가 캠벨 CEO로 취임했을 때 우리 회사는 미국 내 수프시장에서 판매실적이 떨어지고 있었다. 사실상 획기적인 유통경로가 바닥난 상태였다. 이보다 더 걱정스러운 문제는 과거의 성공에 안주하려는 임직원들의 모습이었다. 어떻게 하면 145년 전통을 자랑하는 회사에 변화의 바람을 불러일으킬 수 있을까?"

2011년에 데니스 모리슨이 캠벨 수프 CEO로 취임하면서 던진 질문이다. 1876년에 설립되어 140년 이상의 역사를 자랑하는 캠벨 수프는 미국 수프시장의 80%를 차지하는 유명 브랜드다. 데니스 모리슨이 CEO로 취임했을 때 이 회사는 창립 이래 최악의 매출감소를 겪고 있었다. 더 큰 문제는 임직원들이 과거의 성공방식에 안주하고 있었다는 사실이다. 데니스 모리슨은 취임 이후 몇 년에 걸쳐서 과감한 변화를 시도했다. 전통에만 의존하는 고위 경영진을 대거 교체하고, 오랫동안 유지했던 영업전략과 유통경로를 변화시켰다. 그는 특히 일하는 문화를 다음과 같이 혁신했다고 말한다.

"나는 '신중하게 일하자'라는 사내 문화를 뒤집고 임직원들에게 더 넓게 생각하고 더 대담하게 실행할 수 있는 권한을 부여하기 시작했다."

결국 데니스 모리슨이 위험을 무릅쓰고 변화를 시도한 영업전략이 시장에 먹혀 들어갔고, 기업문화는 혁신적으로 변해갔다.(《하버드 비즈니스 리뷰》내용 참조) 145년 동안 이어진 전통을 변화시키기는 쉽지 않다. 불과 1년 된 행동습관도 바꾸기 어려운 것이 사람이다. 하물며 기업에서 수십 년간 이어온 방식과 절차를 변화시키게 되면 '저항'이 따르기 마련이다. 변화를 추구하는 사람 스스로도 확신을 갖고 진행하기가 쉽지 않다. 하지만 변화와 혁신을 추구하는 사람은 저항과 불확실성을 극복해나가야 할 대상으로 생각한다. 저항이나 불확실성 때문에 미래를 포기할 수 없기 때문이다.

변화는 사물을 다른 시각으로 바라보는 습관에서 시작된다. 문제를 해결할 때 '다른 더 나은 방법이 없을까?'라고 한 번 더 생각해보는 것이 변화의 시작이다. 아무런 의심과 의문도 없이 예전부터 선배나 상사가 해오던 방식을 그대로 'COPY AND PASTE' 하는 사람은 변화를 추구하지 않는 사람이다. 이런 사람은 과거에만 살고 미래를 준비하지 않는다.